W0469693

SOUS L'ÉTOILE DE LA LIBERTÉ

SIX MILLE KILOMÈTRES À TRAVERS L'EURASIE SAUVAGE

À Lei D.
Sylvain Tesson

À Geneviève et Guillaume, qu'ils me pardonnent de suivre trop souvent l'Étoile de la liberté.
Thomas Goisque

© Arthaud, Paris 2005
87, quai Panhard-et-Levassor
75013 Paris

Tous droits réservés
ISBN : 2-7003-9629-4

SYLVAIN TESSON
PHOTOGRAPHIES DE THOMAS GOISQUE

SOUS L'ÉTOILE DE LA LIBERTÉ

SIX MILLE KILOMÈTRES À TRAVERS L'EURASIE SAUVAGE

ARTHAUD

L'ARCHIPEL du GOULAG
Solovski
Moscou
Principales zones de déportation
Camps
Origine de l'archipel du Goulag

De mai à décembre 2003, Sylvain Tesson a mis ses pas dans ceux des hommes qui, pendant un demi-siècle, ont fui le goulag ou l'oppression soviétique.
Un voyage de 6 000 kilomètres, de la Sibérie jusqu'au sud de l'Eurasie, à pied, à cheval et à bicyclette. Une célébration de l'esprit d'évasion et un hommage rendu aux damnés du siècle rouge, qui choisissaient la liberté.
Huit mois à la rencontre des survivants du système concentrationnaire et des peuples jalonnant ces chemins de fuite.
Thomas Goisque est venu rejoindre Sylvain Tesson pendant sa traversée à quatre reprises : en Sibérie, en Mongolie, à Lhassa et à Darjeeling.

{Ci-contre} Sur le fil de la dune de Khongor, désert de Gobi, Mongolie.

AVANT-PROPOS

LE PROCUREUR VERT

Dans le jargon des prisonniers du goulag, s'évader se disait « passer devant le procureur vert », c'est-à-dire sous le couperet de la nature, qui était souvent plus impitoyable que le marteau des procureurs rouges. Ceux-ci vous condamnaient à trente ans de détention pour peu que vous fussiez soupçonné d'être un « élément douteux » ou un « ennemi du peuple ». Mais la nature, elle, tendait des pièges plus redoutables : marais, ours, torrents, tempêtes, nuages de moustiques… Souvent, le froid, la faim, et finalement la mort attendaient le fugitif au bout d'une courte cavale qui ne l'avait pas porté bien loin au regard de l'immensité sibérienne.

C'est d'ailleurs en raison de ces incommensurables difficultés physiques que les camps de prisonniers soviétiques n'étaient pas aussi protégés que l'on aurait pu le penser. Une ou deux simples lignes de barbelés ceignaient le camp. Les gardiens savaient que la nature dissuadait le candidat à l'évasion mieux que n'importe quel cheval de frise. Dans les parages où s'étendit l'Archipel, l'hiver règne huit mois sur douze (une plaisanterie russe – qui fait donc rire jaune – définit même ainsi l'année sibérienne : « Douze mois d'hiver et, après, c'est l'été ! ») et, quand l'été vient, c'est la *raspoutitsa* (littéralement, le « chemin interrompu »), la fonte des neiges qui transforme le pays en une fondrière et rend impraticables les sous-bois.

Des prisonniers politiques réussirent malgré tout à s'évader. Ils pensaient sans doute, avec Tocqueville, que « n'est impossible que ce qui n'a pas été tenté ». C'est à la mémoire de ces hommes en fuite, pour qui rien n'importait plus que de reconquérir leur dignité volée, à la mémoire de ceux qui choisirent la liberté, ne plièrent pas sous l'idéologie et sortirent de la nuit soviétique, qu'est dédié ce voyage à pied, à cheval et à vélo, de la Sibérie à l'Inde, sur les traces des évadés du goulag.

LES CHEMINS DE LA LIBERTÉ

De même que l'expression « route de la Soie » ne renvoie pas à une route tangiblement tracée à la surface du sol, mais à une anastomose d'itinéraires, lesquels variaient au fil des siècles, de même, les « chemins de la liberté » ne correspondent évidemment pas à une piste sur laquelle se seraient pressés tous les fugitifs de l'archipel du goulag. Les chemins de la liberté désignent plutôt un écheveau de cheminements empruntés par des centaines de bagnards en fuite, dont le principe directeur était,

{Page précédente} À la fonte des neiges, la Sibérie se couvre de marécages sur lesquels les autorités soviétiques comptaient pour entraver la course des fugitifs.

{Ci-dessous} Pèlerins tibétains en route vers le lac Namtso, haut lieu de spiritualité, à l'occasion d'un rassemblement religieux organisé en la mémoire du karmapa.

{Page suivante} Sous-bois d'une forêt d'altitude, peuplé de bouquets de cardamome, Bengale de l'Ouest, Inde.

justement, de ne pas laisser de traces derrière eux. De 1917 à 1991, les dirigeants de l'Union soviétique mirent en place un système industriel de déportation destiné à alimenter l'extraordinaire appétit en main-d'œuvre des camps de travail, connus sous le nom de « goulags ». Les statisticiens s'accordent à penser que vingt à vingt-cinq millions d'êtres humains connurent l'internement dans ce que Soljenitsyne décrit comme un « étonnant pays, déchiqueté par la géographie, tel un archipel, mais soudé par la psychologie, tel un continent… quasi invisible, quasi impalpable, où habitait précisément le peuple des *zeks* ».

Hélas, si l'on peut déterminer le nombre d'individus que dévora le goulag, ce Minotaure moderne, aucune estimation ne peut donner idée du nombre d'évadés, car, par nature, un fugitif s'échappe à la fois du camp et de tout registre de statistiques. Le seul élément incontestable est que l'évasion des prisonniers politiques n'est pas un phénomène propre à la Russie.

À partir de l'instant où la révolution de 1917 éclata, l'ombre du totalitarisme ne cessa de progresser sur le territoire de l'Eurasie, étendant son ombre du nord vers le sud. La Sibérie fut occupée par les bolcheviques dès 1920, puis ce fut au tour de la Mongolie, qui eut à subir la répression de 1937. Enfin, le Tibet, en 1950, s'agenouilla sous les coups de canon des « libérateurs » maoïstes. À chaque victoire de l'idéologie sur les individus, quelques poignées d'hommes s'échappaient vers les latitudes méridionales (le sud constituant alors la seule direction cardinale qui offrît une issue).

Ainsi donc, l'axe de la liberté désigne l'ensemble des itinéraires suivis par les membres de cette armée de candidats à la liberté : zeks (nom donné aux prisonniers politiques), juifs (victimes des pogroms institués par Staline, puis des déportations vers le Birobidjan), soldats perdus de l'armée de Vlassov (le général félon qui trahit l'Armée rouge et se vendit aux nazis), *Waffen* ukrainiens (ayant rejoint les divisions de l'Ordre noir, davantage par haine du Russe que par germanophilie), vieux-croyants russes (membres d'une chapelle de radicaux religieux fondée au XVIIe siècle), moines orthodoxes (pourchassés après la loi de 1934 contre la liberté de culte), Bouriates ou Yakoutes, Européens de l'Ouest soupçonnés d'espionnage, Mongols, lamas bouddhistes, chamans des taïgas…

Les Tibétains qui, aujourd'hui encore, traversent l'Himalaya, fuyant l'oppression coloniale han et tentant de gagner les Indes à travers les hauts cols de l'Himalaya, sont, à leur manière, les héritiers des zeks qui inaugurèrent jadis les routes de l'évasion.

CHEMINS DE LIBERTÉ ET CHEMINS DE SPLENDEUR

Il est rare qu'un itinéraire dicté par l'Histoire présente un intérêt géographique et une puissance esthétique aussi importants que l'itinéraire reliant la Sibérie à l'Inde. Le segment qui balafre l'Eurasie du cercle polaire arctique jusqu'à la plaine indo-gangétique coupe une demi-douzaine de ceintures climatiques qui déterminent une variété d'écosystèmes parmi les plus hostiles et de paysages parmi les plus beaux de la haute Asie. Du nord au sud, les grandes bandes biogéographiques s'articulent latitudinalement sans qu'aucune transition ne vienne adoucir la brutalité de leur succession. Défilent ainsi les taïgas de Sibérie, les steppes mongoles dont le déroulé se fond peu à peu dans l'aridité du Gobi, les plateaux du haut Tibet, la barrière englacée de l'Himalaya et, de l'autre côté, les jungles de la façade méridionale, qui assurent la transition avec la plaine indo-gangétique.

Il est certes probable qu'un évadé faisait peu de cas de la beauté qui l'entourait, mais il n'en reste pas moins que le parcours des fugitifs est un cheminement de splendeur. Ces sept milieux naturels qui sont au voyageur une source d'émerveillement sans cesse renouvelé constituent, pour l'évadé, une succession d'embûches cauchemardesques, car taïga signifie marécage, Gobi est synonyme de soif, et Himalaya veut dire froid extrême.

CHEMINS DE LIBERTÉ ET CHEMINS DE RUPTURE

René Grousset, dans *L'Empire des steppes*[1], dans *Bilan de l'Histoire*[2] (et ailleurs), décrit les mouvements des hordes nomades de la haute Asie se déplaçant d'est en ouest ou d'ouest en est, au long des âges, sans quitter les ceintures bioclimatiques latitudinales auxquelles ils étaient adaptés : taïga pour les chasseurs de Sibérie, steppes pour les peuples cavaliers, reliefs de l'Altaï pour les nomades montagnards. Les marchands de la soie ralliant l'une à l'autre extrémité du continent eurasiatique, les prédicateurs jésuites tentant de gagner le cœur des steppes et de leurs habitants, les moines bouddhistes partant à la découverte de l'Occident s'inscrivent eux aussi dans ce cheminement latitudinal, le long des parallèles. Les grands conquérants, tels Gengis Khan ou Alexandre, les

petits comme Napoléon ou Hitler (c'est-à-dire ceux qui ne pénétrèrent pas bien loin vers l'est dans l'immensité russe) marchèrent également dans l'alignement de la course solaire. Au cœur de l'Eurasie, le balancier de l'Histoire a toujours oscillé du levant vers le couchant ou du couchant vers le levant. Avec une réserve : quand une horde affamée voulait razzier une oasis, alors le raid s'effectuait du nord au sud, et les loups des hautes latitudes forestières fondaient sur les jardiniers sédentaires. Et une autre exception : quand une bande de bagnards en fuite voulait reconquérir sa liberté, il lui fallait cingler vers les terres du Sud. Ainsi, l'itinéraire nord-sud qui amena les évadés de la Sibérie à l'Inde peut-il être considéré comme un cheminement de dissidence, en rupture avec la direction traditionnelle, un « *axe du loup* »[3] emprunté par des hommes en rupture de ban, en marge de la société, ayant refusé, comme dans la fable, de payer le prix de la pâtée quotidienne par l'infamie du collier.

À MARCHE FORCÉE

Parmi tous les évadés du xxe siècle, Slavomir Rawicz, mort en 2004, se distingue par le témoignage qu'il a laissé de son épopée dans *À marche forcée*, publié en français en 1957[4].
Rawicz, officier polonais de 24 ans, s'évade d'un goulag de Yakoutie en 1941, au cœur de l'hiver, avec une escouade de six camarades. Ils font route vers le sud et mettront une année à abattre les 6 000 kilomètres qui les séparent de l'Inde à travers les taïgas de Sibérie, les steppes mongoles, le désert de Gobi, le plateau tibétain, l'Himalaya et les jungles du Sikkim. Ils vont, ignorant tout de la géographie. Ils ne sont aiguillonnés que par la perspective de reconquérir leur liberté volée. Quatre des six compagnons de Rawicz mourront au cours de ce qui est davantage une descente aux enfers qu'une échappée belle.
À sa publication en Europe de l'Ouest, le récit fut contesté par des voyageurs qui jugeaient l'épopée trop surhumaine pour être authentique (à ce propos, rappelons le mot que Cendrars lança à celui qui lui reprochait de n'avoir jamais pris réellement le Transsibérien : « Qu'est-ce que cela peut te foutre, puisque je te l'ai fait prendre ! »), et qui relevaient dans le texte un certain nombre d'anomalies. En outre, le climat politique de l'époque se prêtait peu à accepter des livres qui brossaient la fresque de l'effroi carcéral soviétique. N'oublions pas que Soljenitsyne n'avait pas encore publié ses livres, que « tout anticommuniste », selon le mot de Sartre, était « un chien », et qu'Aragon désirait l'avènement d'un « Guépéou pour la France ». (Laval, en son temps, avait souhaité la victoire de l'Allemagne : c'est fou ce que les Français attendent des autres !) Bref, à sa sortie, le récit fut considéré comme une fable, et Rawicz se mura dans un silence dont il ne sortit plus. Jusqu'à sa mort en 2004.

BRÈVE CHRONOLOGIE DU GOULAG

Dès l'année 1918, le succès de la grande révolution d'octobre 1917 permet aux bolcheviques de se lancer dans une vaste opération de déportation d'une partie des citoyens de la nouvelle Union soviétique. On déclare ouverte la chasse aux ennemis du progrès qu'il convient d'éliminer « en les isolant dans des camps de concentration », ainsi que le recommande un décret de la Tcheka. À compter de cette époque (dix ans avant Staline), on sait déjà qu'« être arrêté signifie être coupable ». Sous le règne de Staline, entre 1930 et 1953, les déportations s'industrialisent. Le fonctionnement des lieux de détention est centralisé et placé sous le contrôle d'une « Direction principale des camps » (G.Ou.Lag, selon l'abréviation russe). Les incarcérations atteignent un rythme dantesque, au point que, dans ces années-là, un cinquième de la population mâle cingle vers l'Archipel ! Ainsi, pendant les seules années 1937 et 1938, au moment des purges de la « Grande Terreur », alors que le pouvoir lance l'« offensive du socialisme sur tous les fronts », ce sont huit cent mille prisonniers que l'on déporte. Jusqu'à la mort de Staline, deux millions et demi de personnes sont enfermées simultanément chaque année ; si bien que les statisticiens s'accordent à penser que vingt à vingt-cinq millions d'hommes auraient transité par les mâchoires du goulag. Dans la course à la production que l'URSS menait depuis la Révolution, le zek constituait un rouage crucial, puisqu'il était une unité de travail dont l'État pouvait disposer quasi gratuitement. Routes, canaux, chemins de fer, mines, lignes électriques : les zeks ont pourvu l'Union de ses infrastructures. L'exploitation économique des détenus fut le vrai enjeu du goulag, beaucoup plus que le redressement sociopolitique des « déviants ». La règle du goulag était d'ailleurs de fournir une masse de travail (représentée par une norme de production) en échange d'une ration tout juste suffisante pour survivre. Il fallait par exemple pelleter 6 mètres cubes de terre pour obtenir en pitance 800 grammes de pain. Et ce slogan pesait au-dessus de chacun des prisonniers comme une épée de Damoclès : « Qui ne travaille pas ne mange pas ! »

{Ci-contre} « Un pas sur la gauche, un pas sur la droite sera considéré comme une tentative d'évasion » : sommation rituelle lancée aux colonnes de prisonniers du goulag par leurs gardiens.

CHAPITRE I

LA TAÏGA

{Ci-dessous} Traversée à la nage d'un des nombreux affluents de la Lena, Yakoutie. Un radeau de fortune constitué de rondins de bouleau sert à faire passer le sac à dos au sec.

LA NATURE CARCÉRALE

La taïga russo-sibérienne n'offrait pas à l'évadé le plus facile des terrains. La grande forêt boréale couvre 7 000 kilomètres de territoire eurasiatique, dans les zones régies par un climat tempéré mais de latitude élevée, à hivers très froids, et modifié par la continentalité. Cette formation forestière oppose au pas du marcheur des taillis difficilement pénétrables. En été, quand les marécages de la fonte des neiges ne recouvrent pas le substrat de leur miroir spongieux, c'est un enchevêtrement de branchages parfois très dense ou bien un tapis de lichens et de mousse qui entravent chaque foulée. Cette forêt des hautes latitudes se compose de pins, sapins, épicéas, mélèzes, aulnes, bouleaux, peupliers, saules, trembles, et d'arbustes qui poussent en faible densité sous ce couvert dense : airelles, camarines, busseroles, myrtilliers, champignons, racines et bulbes, qui, certes, assurent une partie de la survie de celui qui sait lire dans le grand menu à ciel ouvert de la nature.

LE CAMP

Slavomir Rawicz est très vague dans ses descriptions géographiques. Ce ne fut d'ailleurs pas le seul point que lui reprochèrent les détracteurs qui se lancèrent aux trousses de son texte pour en débusquer la moindre anomalie comme on traque un lapin dans un guéret.

Je décide de commencer ma descente vers l'Inde d'un ancien camp de prisonniers que les responsables du bureau des archives et de la réhabilitation de Yakoutsk m'ont situé à 60 kilomètres au nord-ouest de la ville. Certains goulags ont été en activité jusqu'en 1991. Celui-ci fonctionnait encore pendant la perestroïka de Gorbatchev. Funeste lieu que cette clairière ouverte dans le tapis des arbres, et ceinte encore des lignes de barbelés et des guide-fils le long desquels couraient les chiens policiers. C'est un de ces endroits où l'herbe ne repousse pas, comme si les larmes et la sueur avaient stérilisé le sol – « tué la terre », aurait dit Gengis Khan. Ce camp, dont il ne reste presque rien à cause des incendies qui ont passé là depuis une quinzaine d'années, est un des îlots de l'Archipel… Il sourd de ces parages un sanglot impalpable. J'enjambe une clôture noircie par le feu. Je fais le premier pas. Nous sommes au début du mois de juin.

LA LENA

Du village de Markha jusqu'au village de Macha, je marche de longues journées dans le lit de la Lena. Les fleuves en Sibérie sont des artères de vie, le long desquelles l'exploration s'accomplit et les déportations s'effectuèrent.

Des villages (anciens hameaux de l'époque tsariste ou nouvelles installations soviétiques) jalonnent les rives, distants d'une à trois journées de marche. J'y rencontre des Russes qui me confient l'histoire de leur vie. Souvent, les existences ressemblent là-bas à la course d'un bouchon dérivant sur les flots de l'Histoire et heurtant ses récifs.

La principale difficulté de ces premiers jours de face-à-face avec la nature sibérienne réside dans le fait que la raspoutitsa a déjà gonflé les taillis en cette fin de mois de mai. Les marais me retardent. J'avance parfois pendant 10 kilomètres dans l'eau jusqu'aux genoux et, le soir, quand vient la halte, je lutte contre l'humidité ambiante pour construire un feu, aux flammes duquel je fais sécher des chaussures et griller ce genre de pensées moroses que ratiocine le vagabond à propos de l'immensité des pays et de la petitesse de ses propres pas…

{Ci-dessous} La taïga reconquiert l'emplacement d'un ancien goulag, effaçant ainsi les affronts que l'Histoire a fait subir à la terre russe. Environs de la ville de Yakoutsk.

{Ci-dessous} Sacha, chauffeur de camion, employé des mines d'or de Moldvo, ravitaille chaque semaine les chantiers d'extraction disséminés dans les forêts.

{Ci-contre} À l’ombre du monument dédié aux soldats de la guerre de 1941-1945, Stepan Soltnikov raconte que son grand-père, officier cosaque, fut déporté sur les bords de la Lena, à Cherenguei.

{Ci-dessous} Stepan Soltnikov, sentinelle oubliée, est le seul à être resté au village de Cherengueï abandonné en 1991 après l'effondrement de l'URSS. Chaque année cependant, ses neveux passent les deux mois d'été à ses côtés, rompant un peu le cours de sa vie d'ermite.

DEVOIR DE MÉMOIRE ET DROIT DE SE SOUVENIR

C'est devenu un réflexe, en Europe de l'Ouest, de se pencher sur les plaies du passé. Réflexe salutaire de peuple bien nourri qui profite de sa prospérité présente et de son expérience de l'Histoire pour dresser des parapets avec le ciment du souvenir, afin que cette dernière ne bascule plus dans l'abîme. En Russie, on ne tâte point de cet exercice-là. Encore moins de celui de la repentance qui germe souvent dans le sillon de la mémoire. J'ai cherché des explications au fait que les Russes répugnent à jouer les Orphée, à se retourner par-dessus leur épaule. La précarité économique y est pour beaucoup : quand on ne sait pas le matin de quoi sera fait le *bortsch* du soir, on n'a pas d'énergie pour fouiller les cendres du passé. Le légendaire fatalisme de ce peuple y est peut-être aussi pour un peu : comment s'apitoierait-on sur les victimes du goulag alors que toute l'histoire du pays, depuis que Vladimir s'est plongé dans le Dniepr, n'est que tumulte et tragédie ? La capacité à la réconciliation nationale joue également son rôle : comme ils ont été vite absous, les bourreaux d'hier, et comme Staline a bien tiré son épingle du jeu, lui qui affleure à nouveau, avec nostalgie, à la mémoire des gens…

À chacune de mes arrivées dans un village, dans un hameau, je demande à rencontrer de vieilles gens. Tous m'intéressent, victimes, acteurs, spectateurs, témoins des années rouges. Et il se trouve que, bien que le devoir de mémoire n'existe pas en ces parages, on se confie volontiers à moi. On est même souvent intarissable. Quand je commence à soulever le couvercle des secrets, le souvenir « surgit du fond des eaux » sans que l'on puisse fermer la bonde. Que l'on y songe ! Les gens que j'interroge voient venir à eux un jeune Français, débouchant à pied de l'orée du bois, baragouinant un peu le russe et disposé à les entendre sur des sujets que l'on ne remue jamais. Mes carnets en papier de riz népalais se couvrent des témoignages que je recueille.

{Ci-dessous} Sacha, bûcheron, vivant depuis dix ans dans la solitude d'une isba de rondins, massif forestier de la Vitim.

{Ci-contre} Préparation du brochet qui, avec les baies et la viande de cerf, constitue l'ordinaire des coureurs de bois sibériens.

SOUVENIRS (EN VRAC) DE LA MAISON DES MORTS

La plupart des détenus de l'Archipel restaient sur les lieux de la déportation une fois leur peine accomplie. Il en va souvent de la sorte des naufragés : quand le bateau arrive sur l'île pour les en arracher, il ne leur reste plus assez d'énergie pour monter à bord.
Et c'est ainsi que beaucoup d'anciens zeks ont fait souche en Sibérie, se sont mariés pendant la période de relégation (peine de quelques années servant à faire la transition entre l'incarcération et la remise en liberté), ont trouvé un travail et fondé une famille. L'explication tient aussi dans le fait que – ainsi que me le rappelait une déportée – « après vingt ans de camp, on n'est plus de nulle part ».
C'est la raison pour laquelle, au cours de ma longue marche, j'ai pu rencontrer, dans les villages que je traversais, des gens qui étaient sortis de camp et avaient refait leur vie sur place. À des milliers de kilomètres de leur Lettonie ou Ukraine ou Pologne natale. Ces témoins vivants de la grande tragédie soviétique sont les seules archives fiables. Car, en ex-URSS, les historiens savent que les documents et les papiers officiels ont tous été rédigés dans l'encre du mensonge : les chiffres ont été falsifiés, et les renseignements truqués. Seuls sont dignes de foi les souvenirs des naufragés du siècle rouge.
Souvenirs de la maison des morts[5] est le titre du récit que Dostoïevski a consacré à ses années de détention dans les camps du tsar, lesquels, malgré l'idée reçue d'un *continuum* dans la cruauté, n'atteignaient pas le degré de férocité des camps communistes. L'expression « souvenir de la maison des morts » sied bien à un petit florilège de confidences d'anciens déportés, recueillies sur le chemin.

Iadviga, déportée lituanienne – village de Delgey, au bord de la Lena : « On m'a accusée d'activités souterraines. Les seules activités souterraines que je menais, c'était de transporter les pommes de terre à la cave ! »
Inina, déportée de Lettonie – Yakoutsk : « Ils nous ont emmenées, mes sœurs, ma mère et moi, en camion, pour trente ans de réclusion. Ma mère, en partant, a crié : "Qui va s'occuper des vaches à présent ?" J'ai connu un juif au goulag, qui a réussi à s'évader. Il a pu gagner New York. Il m'a écrit de là-bas jusqu'à l'année dernière. »
Victor, vieux-croyant, retiré dans une isba de la taïga : « J'ai mon fusil pour n'avoir pas faim, ma hache pour n'avoir pas froid, et ma Bible pour n'avoir pas peur. »
Vatslav, fils de déporté de la Kolyma : « Mon grand-père qui venait de Pologne a fui à travers le Baïkal gelé. L'histoire de Rawicz ne me semble pas impossible. Qu'est-ce qui est impossible à un Polonais ? »
Andreï – village de Delgey : « Cette scierie existe depuis longtemps, mais autrefois, c'étaient les zeks qui la faisaient tourner. Aujourd'hui, c'est le capitalisme. »
Vladimir – Maximina, rive orientale du lac Baïkal : « Je reconstruis le village de mes ancêtres cosaques qui furent envoyés par le tsar pour faire souche ici, sur les bords de la Bargousine. »
Stepan Soltnikov – village abandonné de Chernedeï : « Mon grand-père a commis la fatale erreur d'être officier des Cosaques du tsar en 1917. La conséquence ? La Sibérie ! »
Volodia – mine d'or de Moldvo : « La vie ici, c'est pas loin du bagne, sauf qu'aujourd'hui, on est là de notre plein gré, et qu'on gagne dix fois plus que dans le reste du pays ! »
Conversation avec Inagda – Yakoutsk : « Vous n'avez jamais songé à l'évasion, Inagda ? » « Moi ? Mais pour s'évader, il faut avoir où aller ! »

{Ci-dessous} Occupation préférée du vagabond : faire griller ses pensées à la flamme d'un feu qui réchauffe autant le corps que l'âme. Cap Kabany, rive est du lac Baïkal.

{Ci-contre} Iadviga Petrovna, déportée lituanienne rencontrée dans l'école d'un village de Yakoutie, n'avait jamais jusqu'alors eu l'occasion de livrer ses souvenirs de vingt années de déportation politique.

{Ci-dessous, à gauche} Précaution vitale : installer chaque soir le sac de vivres au sommet d'un arbre, hors de portée des ours.

{Ci-dessous, à droite} Coulée d'ours sur une plage de sable de la rive orientale du lac Baïkal, procurant la désagréable impression de se trouver à l'endroit précis où il ne faudrait pas.

LES OURS

Pendant ma progression sur les bords de la Lena, sur les grèves du Baïkal et dans le massif qui borde la vallée de la Vitim, l'ours devient ma hantise. Il faut dire que les Russes y mettent du leur pour faire naître en moi l'inquiétude. Dans chaque isba, on me met en garde sur le danger d'en rencontrer et l'on insiste sur mon inconscience à traverser les forêts sans armes. À Yakoutsk, on m'offre une clochette à fixer à mon sac pour signaler ma présence aux bêtes. À Bodaïbo, on m'explique qu'il est presque impossible d'obtenir un port d'arme pour acheter un fusil. À Severobaïkalsk, le capitaine du yacht-club me fait cadeau d'une fusée de détresse de la flotte russe, destinée à effrayer un éventuel animal agressif. Fixée à mon bâton de marche par des fils de fer, complétée par une bourre de lichen, d'écorce et de mousse qui s'enflammerait comme de l'étoupe, la fusée m'accompagne lors de ma descente vers le sud, sur la rive orientale du lac.

Un jour, alors que je marche dans une taïga puissamment belle, pareille à une nef dont les piliers auraient été de bouleau, je fais fuir une forme noire. Ainsi, de mon premier ours, je ne vois que l'arrière-train disparaissant dans les taillis. Quelque temps après, alors que j'abats chaque jour des kilomètres entiers sur des plages constellées de traces de pattes grosses comme des battoirs à viande, un ours disparaît dans les taillis qui coiffent le haut de la terrasse sablonneuse surplombant la grève, passe dans les fourrés à quelques mètres au-dessus de moi et fait écrouler de son poids la lèvre du talus, me donnant l'impression, l'espace d'une seconde, qu'il revient à la charge et m'attaque à revers. J'en suis quitte pour une frayeur glaçante et pour la honte d'avoir cru un instant qu'un ours aurait pu m'attaquer sans raison.

{Ci-dessous} Dans le jargon des zeks, les prisonniers du goulag, s'évader se disait « prendre les mousses » ou « passer devant le procureur vert », en référence à la luxuriance de la nature sibérienne en été.

{Ci-dessous} Passage d'une des nombreuses falaises accores qui bordent de leur tranchant la rive orientale du Baïkal.

{Ci-contre} Le lac Baïkal, fracture tectonique qui balafre la Sibérie méridionale du nord au sud sur près de 700 kilomètres, constituait une route naturelle vers la Mongolie pour ceux des évadés qui parvenaient à en atteindre les rivages.

LE BAÏKAL

Pour les évadés, le lac Baïkal représentait une étape importante, car cette entaille géotectonique de 600 kilomètres de long qui balafre la Sibérie méridionale selon une direction longitudinale constituait un guide naturel vers la frontière mongole que la corne sud du lac effleure. Les eaux étales du lac (étales pour autant que le bourane, vent tempétueux, n'y soufflât pas) constituaient aux yeux du fugitif les prémices des grandes steppes à venir.

Mieux vaut emprunter la rive orientale si l'on tient à la solitude, car la grève occidentale est peuplée, et la ville d'Irkoutsk y fait sentir son influence. Le lac, à la manière d'un loch calédonien, est situé sur une faille de 1 200 kilomètres de profondeur et est alimenté par trois cent soixante-dix-sept rivières d'eau cascadant des hauts sommets de Bouriatie. Son pourtour est bordé de chaînes englacées qui se précipitent parfois dans les eaux en hautes falaises noires. En hiver, les températures de –30 °C figent la surface en une carapace de glace d'un mètre d'épaisseur. Le tsar y fit rouler un train pendant le conflit russo-nippon de 1905. Les Russes y circulent en tous sens en camion. On y voit des chevaux galoper. Certains témoignages font état d'itinéraires d'évasion passant sur la surface gelée.

Sur les bords de la *mer* Baïkal, je vis des jours heureux et solitaires (heureux parce que solitaires ?). La taïga estivale explose de vie. Les espèces savent qu'elles ne disposent que de quelques mois pour perpétuer la lignée. Les eaux poissonneuses suffiraient à me nourrir si j'étais meilleur pêcheur. Je transporte dans mon sac jusqu'à cinq jours d'autonomie de nourriture. J'attache mes vivres au faîte d'un arbre quand je bivouaque sur les grèves, pour que les ours ne fouillent pas mes affaires.

Au cours de ces journées au bord du lac, je marche ivre de splendeur sauvage. Je ressens l'aiguillon de la solitude, mais au lieu de me peser, il me transporte et me gonfle l'âme d'une douce mélancolie. La solitude – j'en fais pour la première fois l'expérience au Baïkal – m'aide à mieux me relier par l'esprit aux évadés du goulag dont je me suis placé moralement sous la bannière. Bien souvent, mes pensées vont vers eux, et je me dis qu'à quelques décennies de distance, sur les mêmes grèves que celles qu'ils empruntèrent, leur mémoire n'a pas été totalement engloutie.

{Ci-contre} La marche au long cours affûte la musculature, lave l'organisme et ralentit le cœur, mais raidit les tendons et les articulations. Sauter d'un rocher à l'autre, à la manière du mouflon sibérien, permet de dérouiller une machine nouée par les dix heures d'effort quotidiennes.

{Ci-dessous} « Dans ce pays, hélas, il n'y a pas de routes, il n'y a que des directions ! » Von Paulus.

LE RECOURS AUX FORÊTS

Ernst Jünger, dans son *Traité du rebelle*[6], prescrit le « recours aux forêts » à celui qui veut se retirer de la laideur du monde et la surplomber, tel l'« anarque » penché sur le crêt des *Falaises de marbre*[7]. Thoreau, cent ans avant, se retira dans le silence de sa cabane forestière pour mieux « se naturaliser ». Aux antipodes du monde, Soseki, lui, conseillait d'atteindre l'impassibilité en vagabondant loin de la frénésie moderne et en élisant domicile sur l'« oreiller d'herbe » des prairies japonaises. Ils sont nombreux aussi, en Russie, les candidats à la retraite buissonnière qui, au cours d'un virage de l'existence, tirent leur chapeau à la société, tournent les talons et prennent la clé des champs (c'est-à-dire, en la matière, celle des taïgas). Les Russes ne colportent-ils d'ailleurs pas la légende (à laquelle Tolstoï prêtait foi) selon laquelle le tsar Alexandre, après son abdication, aurait pris soin de ne pas mourir (ce qui constitue pourtant la version officielle) et aurait empoigné son bâton de marcheur pour pérégriner *incognito* à travers la Russie ? Et Nikita Khrouchtchev ? Ne clamait-il pas que, s'il était un jour rendu aux extrémités de la misère, il n'hésiterait pas à vivre comme le *Wanderer* goethéen, c'est-à-dire en vagabond romantique ? Les Russes n'ont pas coupé leurs racines avec une nature puissante qui n'est pas encore (moins que partout ailleurs) totalement maîtrisée. Or, depuis la chute de l'empire socialiste, on assiste dans les forêts d'outre-Oural à un phénomène de société qui pousse les Russes à tourner le dos à la médiocre vie des faubourgs postsoviétiques et à réinvestir hameaux anciens, cabanes de clairières et isbas de bois où ils sont sûrs, grâce aux ressources de la pêche et de la chasse, de retrouver une vie certes rude mais pleine d'une libre dignité. À l'agitation des villes, ces Dersou Ouzala postmodernes choisissent le silence de la thébaïde. Ils repeuplent ainsi les clairières par centaines, pratiquant une version slave du « recours aux forêts ». On objectera qu'ils sont poussés par la nécessité plus que par un élan romantique, et que c'est davantage la perspective d'agrémenter le bortsch quotidien de quelques livres de lard d'ours que l'intérêt pour le transcendantalisme qui les amène sous le couvert des frondaisons. On répondra que personne ne peut juger de la part de poésie qui entre en compte dans le vœu de se reclure, de retourner à la sagesse de l'existence ancienne, celle-là même qui animait les pionniers de Pierre Ier quand ils étêtaient les épicéas à la hache pour faire de hautes hampes à leurs drapeaux, afin que l'aigle à deux têtes puisse mieux flotter au-dessus des bords de la Lena ou de ceux de la Bargousine qu'ils venaient de découvrir.

{Ci-contre} À trois heures du matin sur les bords de la Lena, la lumière livide du jour permanent tient éveillés les pêcheurs de brochets et les Wanderer.

{Ci-dessous} Pilote de side-car mettant les gaz vers une destination inconnue, donnant raison à Churchill qui pensait que la Russie était « un rébus enveloppé de mystère à l'intérieur d'une énigme ».

{Ci-dessous} Une évasion ressemble toujours un peu à un saut de l'ange.

{Ci-dessous} Dérogeant – mais pour 30 kilomètres seulement – à ma règle du voyage non mécanisé, je prends place à bord d'un blindé de l'armée soviétique servant à convoyer les containers remplis d'or à partir du lieu d'extraction, vers le village de Perevoz.

LES CARATS DE LA KROTOPKINE

Il existe au plus profond des taïgas de la Vitim, à l'endroit même où prospéraient les camps de travail de la région de Bodaïbo, des mines d'or dignes de l'Eldorado, oubliées du reste du monde et que les Russes exploitent en secret depuis plus d'un siècle. À l'écart de toute trace de civilisation, reliées les unes aux autres par des pistes seulement praticables par des camions militaires et des blindés à chenilles, ces mines sont inaccessibles pendant huit mois de l'année, quand l'hiver abat la chape de ses –40 °C sur les étendues désolées du Grand Nord.
Mais, pendant le court été, l'exploitation reprend à plein régime. Alors, travaillant pour des compagnies aujourd'hui privatisées, les nouveaux orpailleurs de Sibérie, qui remplacent les hordes d'esclaves des camps staliniens, recherchent le « fabuleux métal » dans les excavations à ciel ouvert. À la rigueur de l'hiver succèdent les fléaux de la saison chaude : moustiques, marécages, tiques, ours et chaleur caniculaire. Séparés pendant six mois d'affilée de leurs familles, vivant en pleine forêt dans des bases rudimentaires qui fonctionnent en semi-autarcie, les hommes travaillent douze heures par jour, sans interruption. Mais Russes, Ukrainiens, Lettons, Ouzbeks, Tadjiks, Biélorusses, Kazakhs, tous les peuples de l'ancienne URSS, attirés par la perspective de salaires dix fois supérieurs au revenu moyen, sont prêts à tout endurer. Ils s'improvisent parfois trappeurs et complètent leur ordinaire par les produits de la chasse et de la pêche, vivant alors à l'image de tous les « oubliés du siècle rouge » qui survivent dans les taïgas : anciens forçats, bûcherons, laissés-pour-compte, errants et vagabonds… Dans le seul limon de la vallée de la Kropotkine, où la première batée a été plongée par les Cosaques en 1821, on charrie aujourd'hui 220 millions de tonnes de terre par an au moyen d'excavatrices et de dragueuses de l'époque brejnévienne, pour recueillir 1,7 tonne d'or. Les pépites sont ensuite acheminées vers le Transsibérien sous la garde d'un ex-colonel de l'Armée rouge, dans des blindés que les tankistes soviétiques destinaient, il y a encore vingt ans, à envahir l'Europe de l'Ouest.

LES VIEUX-CROYANTS

En 1652, le patriarche orthodoxe Nikon entreprit d'harmoniser les rites, les textes et la liturgie de l'Église russe avec ceux de l'Église grecque. Les changements qu'il proposa heurtèrent l'intransigeance de quelques traditionalistes fédérés autour de l'archiprêtre Avakoum, qui finirent par préférer le schisme plutôt que d'avoir à composer avec la nouvelle foi. Connus sous le nom de vieux-croyants, ces irréductibles furent pourchassés par les autorités tsaristes et contraints de gagner les forêts où ils créèrent des communautés villageoises clandestines à l'abri desquelles ils purent perpétuer leur foi sans prêtres. Certains vieux-croyants ont prospéré dans les taïgas de Sibérie jusqu'à l'orée du XXIe siècle. Il n'est pas rare d'en rencontrer dans les villages et les hameaux qui bordent les grands fleuves ou le lac Baïkal. Le pouvoir soviétique ne fut évidemment pas plus tendre à leur égard que ne l'avaient été les tsars. On connaît (grâce au livre *Tiger for Breakfast*[8], de Michel Peissel) l'épopée d'une centaine de ces *starovere* qui s'enfuirent du haut Altaï en 1952 et qui, faisant cap à pied vers le sud le long d'un itinéraire parallèle à celui que décrit Rawicz, tentèrent de gagner l'Inde. Seule une vingtaine d'entre eux y parvint et fut recueillie à Calcutta par la communauté russe. Les archives des journaux de l'époque livrent quelques informations sur ces morts-vivants hirsutes qui déboulèrent un jour dans les rues de la cité de la Joie, semblant arriver d'outre-tombe.
Récemment, le patriarche Alexis II, partisan de la réconciliation, a déclaré : « Le *raskol* (le "schisme", en russe) demeure une cause de profonde affliction pour notre peuple… Les persécutions et les restrictions contre les vieux-croyants sont le fruit d'une politique peu réfléchie de la part de la Russie… » Sont-ce là les prémices du retour dans le giron orthodoxe de ces proscrits qui, plus que tous les autres Russes, ont eu à supporter le fardeau de l'histoire ?

{Ci-dessous} Baie de l'Ayaya, où je commence ma lente descente le long de la grève du lac.

{Ci-contre} La légende (battue en brèche par la chronique des naufrages sur le lac) dit que le Baïkal – « la mer », selon les Sibériens – ne prend jamais les Russes.

LA FRONTIÈRE MONGOLE

Lorsque j'arrive à la frontière mongole, au sud de la Bouriatie, un jour de juillet, je suis loin de me douter que je vais me heurter à une double ligne de barbelés encadrant une bande de terrain défrichée d'une dizaine de mètres de large et piquetée à intervalles réguliers de miradors de surveillance. Ce dispositif a été installé sous Brejnev, puis renforcé en 1991, au moment de l'écroulement de l'Union soviétique.

Je longe pendant quarante-huit heures ce couloir interdit jusqu'au poste frontalier de Kiartha, installé sur le tracé de l'ancienne route commerciale du thé et ouvert aux étrangers. Je songe avec dépit que je ne connaîtrai pas, entre la Sibérie et la Mongolie, cette satisfaction tant de fois ressentie de franchir une frontière d'une libre enjambée sans que rien ni personne ne vous rappelle que la Terre, depuis que l'homme s'en est autoproclamé l'aménageur principal, a été striée de limites cadastrales ineptes.

Mais il est une autre frontière entre les deux pays qui s'inscrit dans la nature et qui survivra à l'histoire des hommes. C'est le passage brutal entre la grande forêt de Sibérie (qui, en pays bouriate, ne ressemble déjà plus à la taïga serrée et humide de Yakoutie) et la steppe mongole. Derrière la façade des arbres, le rouleau compresseur de la steppe écrase l'horizon à perte de regard. La limite administrative tracée sur la carte longe les sinuosités de l'orée. Passez la clairière, sortez du bois : vous êtes en Mongolie ! C'est d'ailleurs ce que firent les peuples sibériens, chasseurs de cerfs, forestiers séculaires, lorsqu'ils prirent connaissance de la steppe. Ils quittèrent les forêts au IIIe siècle, s'approprièrent les immenses prairies mongoles et prospérèrent jusqu'aux franges du Gobi grâce aux qualités de rapidité, de légèreté et de mobilité qu'ils avaient acquises dans la profondeur des taillis. Dans un campement de nomades situé au bord d'un chenal de la rivière Selenga, à moins de 20 kilomètres de la frontière russe, je fais pour ma part l'acquisition d'un étalon mongol et d'une selle russe, baptise le cheval Slavomir, sangle la selle sur son dos et continue à faire ce qui est ma raison d'être : descendre vers le sud.

{Ci-dessous} Monument qui pourrait avoir été élevé à la mémoire des fugitifs du siècle rouge, puisqu'un avion fait toujours acte d'évasion en échappant aux lois (de la pesanteur), village de Taksimo.

{Ci-contre} Repos du corps et de l'esprit. Halte attendue dans une maison d'éleveurs, après une étape de 45 kilomètres. Village de Buren, Mongolie.

CHAPITRE II

LA STEPPE

{Ci-dessous} C'est avec un étalon acheté à la frontière russe, baptisé Slavomir pour l'occasion, que je me lance dans la traversée des steppes mongoles, abattant entre 50 et 60 kilomètres chaque jour.

L'OCÉAN DES HERBES

La steppe est une formation végétale herbacée fermée. Le mot viendrait de *stipa* (la « tige », en latin). Les steppes courent de la Hongrie à la Mongolie, en passant par la Russie et l'Asie centrale ex-soviétique. En Mongolie, la bande steppique assure la transition entre les forêts du Nord et la ceinture du Gobi. René Grousset avait même forgé l'expression d'« empire des steppes » pour désigner le territoire des hordes d'Attila, de Gengis Khan ou de Timur. La steppe est régie par une climatologie qui offre tour à tour des hivers très froids (la neige tient cent soixante jours par an sur le sol mongol) et des étés brûlants – alternance qui s'opère dans une relative sécheresse atmosphérique. Dans ce milieu naturel qui n'est pas encore aride mais qui n'est plus humide, l'eau est concentrée en de rares points que le voyageur ne peut s'autoriser à rater. Les pluies s'abattent l'été et subissent de fortes évaporations. La fertilité du sol lœssique compense la sécheresse et offre au sabot non ferré des chevaux le velours d'un tapis sablonneux.

On pourrait croire qu'il suffisait aux évadés de gagner les steppes pour être sauvés. Il est vrai qu'il y était moins dangereux de rencontrer ses semblables. Mais un fugitif, une fois rendu dans une plaine battue par les vents, n'est pas tant avancé. C'était l'Inde que visaient les zeks en fuite et, pour l'atteindre, il leur fallait d'abord s'extirper du ventre de l'Eurasie. Quand on s'évade, il ne faut pas seulement s'enfuir, il faut avoir quelque part où aller !

{Ci-dessous, à gauche} Devant un campement nomade, vallée de la Toul, Mongolie.

{Ci-dessous, à droite} Quelle est la question ?

{Ci-dessous} « Un nomade sans cheval est un oiseau sans ailes. »
Proverbe mongol.

{Ci-contre} Les espaces naturels sont ainsi disposés dans cette partie du monde que, soudain, sans qu'aucune transition n'adoucisse le contact, la taïga sibérienne s'interrompt et, derrière le rideau des arbres, laisse se dérouler vers le sud l'infini tapis des steppes.

LA RÉPRESSION EN MONGOLIE

Le directeur du Centre des études sur la répression et sur la réhabilitation de Mongolie se plaint, lorsque je le rencontre, que le *Livre noir du communisme*, publié par les éditions Robert Laffont en 1997[9], ne contienne pas de chapitre sur la terreur rouge en Mongolie ! Pourtant, les tempêtes qui secouèrent le pays auraient largement justifié un traitement indépendant dans l'ouvrage. Car lorsque Sukhbator, le « héros rouge » soutenu par les bolcheviques, repoussa les Chinois et proclama en 1924 la naissance de la République populaire de Mongolie, le pays tomba dans l'escarcelle de l'URSS sans en faire cependant jamais officiellement partie. Moscou avait intérêt à tenir Oulan-Bator dans son giron pour contrecarrer les ancestraux appétits de Pékin. Or, quiconque liait son destin à celui de l'URSS en subissait les humeurs.

Dès le début des années 1930, les moines furent pourchassés en Mongolie. Jusqu'en 1932, la collectivisation forcée contraignit des hordes de nomades à abandonner leur mode de vie pour souscrire au productivisme d'État dans des kolkhozes d'élevage entre les murs desquels ils furent sédentarisés. L'onde de choc des purges de la Grande Terreur balaya les steppes. Trente mille princes, lamas, citoyens, lettrés furent liquidés ou déportés. La quasi-totalité des monastères fut détruite (il en resta une demi-douzaine sur sept cents). Des camps de détention fleurirent. Les zeks construisirent des routes (cette chose si étrangère aux nomades !), comme celle qui relie Kiartha à Oulan-Bator. Les vingt mille prisonniers de guerre japonais édifièrent les bâtiments du centre d'Oulan-Bator. Puis, pour couronner l'offense faite au nomadisme, la planification quinquennale soviétique fut appliquée à partir de 1948.

Lors de ma traversée de la steppe mongole, je suis souvent accueilli par des éleveurs qui ont repris sous la yourte l'antique existence nomade, comme si la tragédie du XXe siècle n'avait été qu'une bourrasque passagère.

LE GÉNIE DU NOMADISME

Écrasés par l'immensité (d'une « régularité effrayante », selon Custine[10]), emprisonnés entre des horizons sans fond, condamnés à errer là où pas un pli de terrain ne peut soustraire l'être vivant au regard du prédateur, les habitants des steppes (animaux et hommes) n'ont eu d'autre recours que de développer leur sens de la mobilité. Seuls les êtres rapides ont pu s'assujettir les steppes jusqu'aux confins des sables, et seuls les hommes prédisposés au nomadisme ont pu s'y adapter et se rendre « maîtres et possesseurs » de l'espace. Pouvoir fuir en quelques heures, conduire là où on le veut le troupeau, être capable de promptement dresser le camp, savoir subvenir à ses besoins dans la désolation, tirer profit de l'aridité : voilà les conditions nécessaires à la vie touranienne. Ces qualités propres au loup (le totem des peuples steppiques), les aïeux et les fils de Gengis Khan les possèdent. La double utilisation du cheval et de la yourte leur permit de s'établir dans la steppe... Montés sur leurs petits chevaux, capables, grâce à l'étrier, de parcourir 200 kilomètres dans la même journée, les peuples turco-mongols réduisent l'espace touranien, s'approprient l'horizon, conquièrent les distances, étalonnent l'immensité à la mesure de leur galop.

{Ci-dessous} Ce n'est qu'en 1937 que la répression communiste s'abattit sur la terre mongole, conduisant à l'aberration de la collectivisation – insulte suprême que l'on puisse faire au nomadisme.

{Ci-contre, en haut} Falaise de Bayanzak, frange septentrionale du désert de Gobi.

{Ci-contre, en bas} Discipline quotidienne : tenir le journal de route. Les cahiers en papier de riz népalais offrent le meilleur rapport entre la légèreté et la solidité.

LE NOMADISME EST UN FUNAMBULISME

Le pastoralisme est une belle expression de l'équilibre entre l'homme et le monde. Ce mode de vie est d'une précarité extrême. Que sévisse le *djoud* (régime d'étés et d'hivers très rigoureux, qui entraîne des pénuries de fourrage et recouvre la prairie d'une pellicule de glace), et c'est l'harmonie qui est rompue. Que tardent à venir les pluies nécessaires à la floraison des graminées, et c'est la famine chez des millions de bêtes – ce qui signifie la disette pour l'éleveur. Le nomadisme est un funambulisme. Une existence qui aurait plu à Renan, car sans cesse placée « aux bords de l'abîme ». Est-ce d'ailleurs pour cela que Marco Polo surnommait ces confins les « parapets du monde », parce que l'on y risque à tout moment de basculer ?

Dans les longues heures solitaires, je réfléchis à la proximité entre la condition des nomades et celle de l'évadé. Lui aussi fait corps avec la nature, lui aussi doit se déplacer sans cesse, vivre aux aguets, et ne peut jamais se laisser aller à la satisfaction de se trouver bien quelque part. L'évadé est un sédentaire contraint d'en passer par le nomadisme extrême pour reconquérir sa nature.

LA YOURTE

Second outil employé dans la conquête de l'espace steppique : la yourte. Ces bouées de feutre qui surnagent de l'écume des herbes sont une adaptation suprême au milieu ouvert. On monte la yourte en quelques heures, on la transporte sur le dos des chevaux, on l'installe où bon semble. Les matériaux qui la composent convoquent les ressources de la steppe : cuir de chameau, laine bouillie, roseaux flexibles, tresses de coton. Le feutre de ses pans protège de la pluie et de la neige, mais aussi du soleil. Il y règne en permanence la tiédeur. L'hiver, on chauffe l'intérieur en brûlant le crottin séché des chevaux.

La yourte exprime les élans de l'âme. On y résume l'univers : par l'ouverture cerclée du sommet où convergent les arceaux de la charpente, on veille à la bonne marche des étoiles. La colonne de fumée qui s'en échappe figure le pilier du ciel. La tente-astrolabe, orientée sur les points cardinaux, donne un sens à l'espace. À la fois boussole et phare, nid et fœtus, la yourte ne présente aucun angle auquel le cavalier risquerait de se cogner. Elle est la seule marque de l'homme dans la steppe. Contrairement aux constructions léguées par les civilisations bâtisseuses, elle a résisté au temps, transmise en filiation à travers les siècles. À chaque arrivée en vue d'une yourte, il me semble gagner la rade d'un port où je pourrai trouver chaleur et sécurité.

L'HÉRITAGE

La yourte est l'écriture d'un peuple qui n'a transmis ni fondations ni ruines. Les nomades sont condamnés au mouvement perpétuel. Cette fuite en avant qui est leur malédiction (ou leur nature) ne leur permet pas de laisser quoi que ce soit derrière eux de pierre ou de bois. N'ayant d'autre moyen pour imprimer la marque de leur génie que les arts légers, mobiles, peu encombrants, ils sont devenus maîtres dans l'orfèvrerie, la broderie, la joaillerie – trésors qui se serrent dans un coffre en bois – et, mieux encore, ils ont excellé dans les disciplines les plus faciles à transporter : la poésie, la musique, ces arts qui s'emportent dans la boîte en os du crâne…

{Ci-contre, en haut} Pour le voyageur chevauchant dans les steppes, l'apparition d'une yourte (*ger*, en mongol) sur la ligne d'horizon signifie la promesse d'une rencontre, doublée d'une halte rapicolante.

{Ci-contre, en bas} Couple d'éleveurs, environs de Bam, Mongolie.

{*Ci-dessous*} Conversation dans le monastère de Dashcheilon avec Tsedendamba et le doyen des lamas, témoin des années rouges, au cours desquelles le vent de la terreur souffla sur la Mongolie.

{Ci-dessous} Une maison en dur, une moto à la place d'une ger et d'un cheval. Les signes ne trompent pas : le nomadisme perd du terrain sur la terre des cavaliers de Gengis Khan.

{Ci-contre} Tenir un cap, éviter les grains, rejoindre une yourte comme on gagne un port : à beaucoup d'égards, la traversée de l'océan des steppes s'apparente à une navigation.

{Ci-dessous} Franchissement à gué de l'un des nombreux bras morts laissés par un affluent de la rivière Selenga après qu'il fut sorti de son lit.

OSSENDOWSKI ET UNGERN : DEUX FAÇONS D'ÊTRE LIBRE

Dans les années 1920, les steppes de la Mongolie furent une scène sur laquelle se jouèrent des gestes formidables. Ainsi celle du Baron fou, Roman Fédorovitch Ungern von Sternberg, né dans une famille austro-balte, qui se persuada qu'il était la réincarnation de Gengis Khan. Il leva une armée de cinq mille hommes qu'il nomma « Division asiatique de cavalerie », dont il se proclama le généralissime. Il tint en échec les Rouges pendant deux années, entreprit des percées dans le front bolchévique jusqu'au Transsibérien et chassa les Chinois d'Oulan-Bator pour y réinstaller le Bouddha vivant. Il mourut trahi par ses propres officiers en 1921. Le baron était fou – ce qui est une manière d'être libre.
Ferdinand Ossendowski, médecin polonais, s'échappa en 1920 de Sibérie où, déjà, gagnait l'Armée rouge. Il traversa à cheval les steppes de Mongolie, le désert de Gobi et le nord du plateau tibétain, jusqu'au moment où les attaques de brigands le repoussèrent vers la Mandchourie. Aventure vécue sur les mêmes itinéraires que ceux de Rawicz, mais doublée d'une initiation de l'âme aux mystères de la haute Asie : Ossendowski découvre au cours de sa cavalcade le chamanisme et le bouddhisme : sur son chemin de cavale, il trouve aussi à son âme quelques échappatoires.
Mes pensées me relient souvent à ces deux personnages qui méritent, selon moi, leur place dans la longue liste des quêteurs de liberté que je tente de célébrer mentalement depuis mon départ.

À TRAVERS STEPPE

Grâce à mon étalon Slavomir, je porte ma moyenne quotidienne à 60 kilomètres. Je m'accorde de courtes haltes, toutes les trois heures, au cours desquelles je m'écroule de sommeil à même la steppe, laissant le cheval se repaître de graminées. Je dors peu la nuit, redoutant le vol de mes chevaux. Parfois, je suis l'hôte des éleveurs d'un campement. Souvent, je choisis la tranquillité et m'installe seul sous ma tente, après avoir attaché mon cheval à courte portée. J'avance au GPS, balafrant la plaine de mon sillage, attentif au frou-frou des hautes herbes au passage de Slavomir. Des orages s'abattent sur nous comme si l'outre du ciel, percée par l'épée d'un dieu, se déversait d'un coup. Je trouve alors refuge sous le poitrail de mon cheval. Puis je remonte en selle, ivre d'immensité, et reprends le cap à 180° vers Oulan-Bator, heureux de ma solitude qui est la sœur de la liberté.

ÉVASION EN MONGOLIE

Quand la nuit rouge gagna la Mongolie, la steppe se prit alors à trembler encore plus violemment que lorsque Gengis Khan mit en branle sa horde. Beaucoup de Mongols tentèrent d'échapper au régime. Auparavant, en 1934, des moines bouddhistes de Bouriatie avaient trouvé refuge dans les steppes pour fuir la loi stalinienne contre les religions. À partir de 1937, beaucoup cinglèrent à nouveau vers le sud. Mais le désert de Gobi opposait 1 000 kilomètres d'obstacles. Certains réussirent à le franchir. Notamment en sa section occidentale où les éleveurs de chameaux assuraient le salut. Les Mongols qui se sont installés dans le nord de l'Inde, les vieux-croyants russes établis dans des villages du nord de la Chine attestent que des hommes sont passés. Pour quelques-uns qui ont laissé des traces, combien ont disparu dans l'oubli ? Qui a jamais parlé de ces deux Allemands évadés en camion d'une mine à l'est d'Oulan-Bator ? Qui sait où se sont terrés les quelques fugitifs appartenant au contingent des douze mille soldats de l'armée de Vlassov déportés en Mongolie ? Et quel témoignage conserve-t-on de ces moines qui ont mis la science du nomadisme au service de l'esprit de résistance, en convertissant les yourtes en monastères mobiles dans lesquels, au nez et à la barbe des matérialistes, ils rendaient un culte à Bouddha en sillonnant le Gobi ? L'évadé ne laisse pas plus de trace derrière lui que le martin-pêcheur ne mouille son plumage en plongeant dans le ru.

{Ci-contre, en haut} Les évadés qui faisaient route vers le sud n'avaient pour s'orienter que les indications du soleil. Il fallait qu'ils aient chaque soir les derniers feux du crépuscule à leur droite.

{Ci-contre, en bas} Les résidus pluviaux retenus dans les dépressions argileuses constituent souvent les seules sources d'approvisionnement dans le désert de Gobi.

{Ci-contre} La ville d'Urga, devenue Oulan-Bator, tire son nom de la tige de bois prolongée d'une corde à nœud coulant dont se servent les cavaliers pour attraper leurs chevaux.

{Ci-dessous} À la sortie d'Oulan-Bator, passage devant un de ces monticules rituels disposés au sommet des collines pour assurer au voyageur la clémence des éléments.

{Ci-dessous} Halte dans l'étui-bivouac servant tout à la fois à se protéger du froid, de la pluie, des moustiques et du vent. L'ail sauvage, dont les fleurs blanches constellent la steppe, améliore l'ordinaire du cheval et de son cavalier.

{Ci-dessous} La steppe, milieu assez aride, oblige le cavalier à transporter, accrochée aux arçons de sa selle, suffisamment d'eau (ou d'alcool de lait de jument) pour rejoindre les puits espacés en général d'une journée de cheval.

{Ci-contre} Traversée des marécages de la Toul.

{Ci-contre} Le crêt de la falaise de Bayanzak s'avance en balcon au-dessus d'une vaste dépression dont le nom annonce les peines à venir : « désert de Gobi ».

CHAPITRE III

LE DÉSERT DE GOBI

{Ci-dessous} Crépuscule sur la dune de Khongor, désert de Gobi.

LE VENTRE DE L'EURASIE

Le désert de Gobi s'étend de part et d'autre de la frontière sino-mongole. Il se situe à l'extrémité orientale de ce que les géographes appellent la « diagonale de l'aridité », laquelle balafre l'Eurasie de la péninsule Arabique jusqu'à la Mandchourie, et y dessine un chapelet de « plaques cancéreuses »[11] : désert de Thar, de Kyzylkoum, de Karakoum et du Taklamakan. « Rien n'est plus rude dans le monde, hormis les pôles, que ces déserts d'Asie centrale », selon le géographe Jean Demangeot[12]. Et il est vrai qu'aux conditions arides s'ajoute, dans le Gobi, le phénomène de la continentalité (interdisant à la région de bénéficier de l'action tempérante de la mer), qui rend les étés caniculaires (35 °C) et les hivers glacés (–45 °C). Le Gobi est né il y a cinquante millions d'années, lorsque la plaque indienne percuta la plaque asiatique, soulevant d'un même emportement la chaîne himalayenne et les territoires du centre de l'Eurasie, qui se trouvèrent alors ceints de remparts barrant passage aux masses humides.

L'ÉCUEIL DU GOBI DANS LA LECTURE DE RAWICZ

La description du désert de Gobi par Slavomir Rawicz a servi d'argument aux détracteurs du livre. Que le Polonais y prétende avoir marché sans boire pendant douze jours n'est pas le plus grave ! L'exagération est tellement énorme qu'elle s'annule d'elle-même. En outre, on ne peut pas conclure à la fausseté d'un récit sous le prétexte que l'un des passages est sujet à caution, car si l'enjolivement était synonyme de mensonge, combien de livres faudrait-il ranger au rayon des fables ? Le problème réside dans le tableau formel que Rawicz brosse du Gobi. Il le décrit comme un désert de dunes. Un erg sans fond. Or les voyageurs qui l'ont parcouru savent qu'en sa majeure partie, le Gobi ressemble à une vaste pédiplaine couverte d'un cailloutis patiné et piqueté d'une végétation ouverte, d'où surnage çà et là un relief rocheux. Il arrive certes que s'élève sur le glacis une formation dunaire, mais on ne peut en aucun cas réduire la nature générale du Gobi à ces quelques dômes sableux. Ce serait faire de la partie un tout. Ce serait décrire Paris comme une jungle à cause de la serre tropicale du Jardin des Plantes ou peindre la Grande-Bretagne comme un lieu agréable parce qu'il fait bon vivre à Buckingham.

LA DUNE DE KHONGOR

Légèrement à l'écart de mon itinéraire, j'escalade le cordon dunaire de Khongor Els, à 100 kilomètres de la frontière chinoise. La dune, de 200 mètres de haut, est posée sur le tapis raboté du Gobi. Elle s'étire d'est en ouest sur plus de 100 kilomètres, mais n'en mesure que 10 dans sa largeur nord-sud. De l'autre côté, par-delà la grève sableuse, la carapace du désert reprend ses droits. Au sommet de la dune, je me livre à quelques relevés avec le GPS et la carte au 1/200 000. Je note que la masse sableuse se déplace. De là-haut, la dune apparaît bien comme ce qu'elle est : une anomalie du relief, un incident de sable posé sur une croûte, comme un îlot crevant la surface de l'océan, une coquetterie de la géomorphologie.

DANS LE VENTRE DU GOBI

J'avance un peu hors de moi-même, laissant mon corps chevaucher, rivé à la selle de cuir pendant que mon esprit, lui, caracole, visite les projets d'avenir, se plonge dans le souvenir, vaque à ses réflexions ou, au contraire, repose inerte, engourdi de chaleur. Je chevauche jusqu'au quarante-quatrième parallèle avec Slavomir, mon étalon noir, et un cheval blanc que j'ai acheté dans les steppes tempérées au sud d'Oulan-Bator pour servir de monture d'appoint. Dans le hameau de Khovd, en plein Gobi, je change mes montures contre un cheval mieux rompu aux rigueurs du désert. J'ai accroché aux arçons de la selle un bidon de 5 litres, et j'en transporte cinq autres dans mon sac. Je suis donc à l'abri de la soif. Mais mon cheval, lui, ne l'est pas. Il me faut atteindre un point d'eau toutes les vingt-quatre heures. Mes cartes très précises m'autorisent à avancer sans guide. Les puits sont creusés au pied des escarpements schisteux. Mon itinéraire est dicté par leur emplacement. Je suis comme une comète : reliant dans ma course les étoiles de la constellation des puits ! Je pense à ceux qui s'aventuraient ici sans guide, sans carte, sans rien ; à ceux qui ignoraient même le nom du monstre qui les avalait.

Rawicz décrit avoir découvert dans le Gobi une oasis enchanteresse (mare d'eau pure ourlée de végétation) qui fait penser à celle où Sven Hedin, l'explorateur suédois perdu avec ses équipiers dans les sables du Taklamakan, revint *in extremis* à la vie. Le Polonais raconte ensuite la déréliction des forces de son équipe, dont les sept membres se contentent d'une réserve d'eau tenant dans une coupelle ! C'est là que le fil du récit de Rawicz s'écarte de la vraisemblance. Pourtant, je constate que le Gobi n'est pas un désert totalement privé de ressources hydriques. Des éleveurs le sillonnent en permanence, et je sortirai de ma traversée convaincu que le passage est possible à une escouade d'hommes déterminés, chanceux, et qui se sont peut-être appuyés sur les connaissances des chameliers mongols.

{Ci-dessous} Relevé au GPS au sommet de la dune de Khongor. Les cartes au 1/200 000 levées dans les années 1970-1980 permettent de mesurer l'avancée de la dune. À 100 kilomètres au sud : la frontière chinoise.

{Ci-contre} Toute l'erreur de Rawicz dans son récit *À marche forcée* consiste à avoir décrit le désert de Gobi comme un grand erg de type saharien, alors que les dunes ressemblant à celle de Khongor, pour être spectaculaires, n'en sont pas moins très rares.

{Ci-dessous} C'est de serpent que Rawicz prétend s'être nourri pendant sa traversée du Gobi. Sur ce point, pas de doute : la quantité de vipères qui disparaissent sous les pieds autorise des repas quotidiens.

AU DÉSERT

Parfois, un campement : trois yourtes jetées au bord du point d'eau. On m'y accueille. Il ne se dit jamais grand-chose pendant ces soirées occupées à redonner des forces au corps et à veiller à ce que le cheval ait son comptant de pâture. Les autres nuits, je bivouaque seul. Je me repais du spectacle de la lune allaitant la nuit, cependant que mon cheval, entravé non loin, arrache des ligneux à grands coups d'encolure. La lune, la nuit, la bête, le feu : tout est en ordre, je me sens en équilibre sur la corde des jours.

VIPÈRE

Pas beaucoup d'êtres vivants en ces parages. Parfois, un troupeau de chameaux de Bactriane. Ces dédaigneux vaisseaux de charge ont transporté jadis, du temps des routes de la Soie (en activité dès l'époque romaine et jusqu'à l'ouverture des routes maritimes vers l'Inde par les Portugais), les plus précieux produits d'Occident et de Chine. C'était sur les flancs de ces bêtes rustiques que l'industrie du luxe – soie, pierreries, armes, camphre, argent – transitait sur l'écheveau de pistes de l'Eurasie. Parfois, les chameaux se regroupent, baraquent, et il semble alors qu'un bubon laineux surnage de la carapace du Gobi.
J'attrape des vipères de petite taille et, à chaque fois, la même question revient : sont-ce là les serpents que Rawicz prétend avoir mangés ? Le Polonais décrit plutôt de gros serpents sombres et visqueux, plus proches de la couleuvre que de l'aspic. Je me garde bien de goûter à mes proies ocellées – que l'on me décrira plus tard comme mortelles – et me contente de les saisir entre les doigts pour sentir l'agréable contact de leur peau. Puis je les repose à terre et les regarde ramper loin de moi. Le serpent ne peut pas être un animal vraiment mauvais puisque l'homme le hait.

LA SOLITUDE

Jusqu'alors, j'avais cru Paul Valéry lorsqu'il disait qu'« un homme seul était en mauvaise compagnie ». Avant de partir seul, je pensais que la solitude serait mon pire ennemi. Je ne la connaissais pas, et c'est en vérité une compagne merveilleuse. On devrait l'appeler Félicité. Elle est le plus beau cadeau que l'on puisse offrir à son âme. Elle maintient l'équilibre entre soi-même et le monde extérieur, elle renoue le lien entre l'être et le cosmos. La solitude est un moyen de transport, un infatigable attelage. Elle fait parfois souffrir. Je me suis surpris à parler tout haut pour la chasser. Je l'ai maudite dans les steppes où ne pousse même pas un arbre pour s'appuyer ou se pendre. Lorsque je sombrais pendant la journée dans une courte et profonde sieste et que, après avoir rêvé des miens et de mes amis, je me réveillais, seul, dans le néant, environné de vide, la solitude alors étreignait mon cœur. Le reste du temps, elle gonflait mon âme comme le vent se prend dans la voile.

{Ci-contre, en haut} Des formations végétales odorantes explosent subitement au lendemain des courtes et violentes averses qui giflent la surface du Gobi.

{Ci-contre, en bas} Chenaux développant leurs anastomoses au pied du cordon dunaire de Khongor.

{Ci-dessous} Rechargement du bidon dans une flaque argileuse, où l'eau de pluie stagne quelques jours avant sa complète évaporation.

{Ci-dessous} Éleveurs de chameaux ayant dressé leur yourte à mi-chemin entre la fournaise du ciel et la stérilité du sol.

{Ci-dessous} Je suis contraint d'échanger Slavomir, étalon des vertes prairies de la Selenga, contre un cheval local, mieux rompu aux rigueurs du désert.

LE CONTOURNEMENT

On me bloque à la frontière chinoise. L'administration – gorgone infâme, inventée par les Anciens pour faciliter la vie des hommes et qui s'est retournée contre eux – m'oblige à faire un détour. Je reprendrai le fil de mon avancée à 1 kilomètre de distance de l'endroit d'où je suis refoulé. Le poste frontière situé à 80 kilomètres au sud de Gurvantes est fermé aux Occidentaux et ne livre passage qu'aux commerçants chinois et mongols. C'est déjà un miracle que je sois parvenu là. Les autorités de ce désert des Tartares (et le Gobi peut légitimement prétendre à cette appellation) sont intraitables : on ne passe pas ! Je jette un dernier regard aux bâtiments élevés à quelques kilomètres devant moi, de l'autre côté. Je les retrouverai dans dix jours, après m'être acquitté d'un détour de 2 000 kilomètres. J'aime ces voyages de contournement qui demandent de l'obstination stupide – ce dont je crois ne pas manquer. Paradoxe que cette boucle imposée par la loi, à moi qui prétends célébrer l'esprit des évadés !

{Ci-contre} Dans le désert, les carcasses blanchies par la voracité du temps sont des jalons réguliers qui rappellent au voyageur la précarité de son sort.

{Ci-contre, en haut} C'est à bicyclette que j'effectue la traversée des 500 kilomètres de désert de Gobi chinois, sur un glacis caillouteux désespérément uniforme.

{Ci-contre, en bas} Cantonnière chinoise. Lisière méridionale du Gobi chinois.

À VÉLO DANS LE GOBI CHINOIS

Dans le Gobi chinois, je quitte une selle pour une autre. Un vélo me portera jusqu'à la ville d'Amdo, au Tibet. Je m'enfonce dans le désert. Je trouve de l'eau dans les flaques d'argile ou dans les puits. Je lutte contre un vent du sud qui, infatigable, annule le bénéfice de mes coups de pédale. Je roule sur le ventre plan d'un reg uniforme durci par une patine lustrée. Bientôt rendu au dernier stade de l'épuisement, je ne me nourris plus et ne désire qu'une seule chose : que la halte vienne lorsque je suis en selle, et que l'aube arrive lorsque je suis couché. Insatisfaction permanente qui me rapproche de l'état d'esprit de l'évadé. Une évasion est d'abord une fuite en avant.

LE VISAGE DU GOBI CHINOIS

Dans le Gobi chinois, j'abats 60 kilomètres quotidiens. Le désert ressemble à la paume de la main d'un mort. De petits graviers polis, cuits par les millénaires, se joignent et, bord à bord, tendent sur cette table une nappe uniforme. Ce cailloutis ras et sombre craque à la moindre pression, comme la croûte d'un gâteau meringué. Rompant la monochromie de la surface, des buissons de *saksaouls* s'élèvent de quelques dizaines de centimètres de la surface du sol, ne trouvant pas l'énergie nécessaire dans les profondeurs du sol, ni de raisons suffisantes dans la sécheresse de l'air pour pousser plus haut. Le glacis s'anime à mesure que l'on gagne vers le sud et, à 150 kilomètres du Gansu, des rostres rocheux transpercent la carapace. Plus loin, il semble que la géologie, obéissant à la marée des âges, s'est soulevée lors d'un équinoxe magmatique. Le paysage se taraude : cratères de cuivre tapissés d'antimoine, pointes noires briquées par le soleil, talus effondrés d'épuisement, blocs gréseux éclatés par le gel en quartiers d'orange. Et puis, soudain, l'horizon épouse la ligne bleue d'une crête lointaine. Le géographe sait qu'il s'agit de la chaîne des monts Qilian, limite méridionale du Gobi. L'évadé, lui, comprend que son enfer prend fin.

LE CAS DU GANSU

Le couloir cultivé du Gansu sépare comme une oasis le Gobi du désert du Tsaïdam. Cette région cultivée depuis des millénaires était réputée havre d'opulence chez les caravaniers de la soie, qui venaient des déserts centraux. Je vois apparaître la ligne d'arbre avec une émotion de naufragé qui retrouve le rivage. Je m'associe par la pensée à l'émotion que devaient ressentir les évadés lorsque le fuseau des premiers peupliers du Gansu leur annonçait la fin des difficultés.

{Ci-dessous} Le chameau de Bactriane, mythique vaisseau des sables, qui a servi aux marchands de la soie à convoyer leurs produits à travers les aridités et permit aux nomades de s'y établir.

{Ci-contre} Monastère de Rumtek, Tibet.

CHAPITRE IV

LE TIBET

{Ci-dessous} Yacks et bicyclette devant la chaîne de montagnes des Tangula.

LE CHANGTANG ET LE NORD DU TIBET

Le plateau tibétain correspond à l'ancien socle d'un océan primitif connu sous le nom de mer de Thétis, qui fut exondé par la poussée tectonique de la plaque indienne contre le front de la plaque asiatique. Le fond de l'antique mer s'élève aujourd'hui à une altitude moyenne de 4 000 mètres, et les lacs qui constellent la surface du plateau sont des flaques résiduelles. Le plateau est bordé en sa section nord par la chaîne des monts Kun Lun, lesquels prennent pied sur leur versant septentrional dans le désert du Tsaïdam, appendice aride du Gobi. À l'ouest, la table tibétaine se fond dans l'immense étendue quasi inexplorée du Changtang, le plus grand plateau d'altitude du monde, dont les Chinois ont fait une réserve naturelle – ce qui est une manière, pour eux, de déguiser sous des préoccupations écologiques une interdiction totale d'accès à une région de haute valeur géostratégique.

SUR LES TRACES DE...

J'ai peiné à ce point sur le lœss du Gobi que j'y laisse un genou. Je ne sais pas ce qui est endommagé, du cartilage, du ligament ou du tendon. Mais, à 300 kilomètres au nord de Golmud, dans la ville de Dunhuang, j'en arrive à croire que mon voyage est terminé et que j'ai échoué à mi-route. Je reste immobilisé cinq jours, jusqu'à ce que, rendu à moitié fou par l'inaction, je me force à avancer, arc-bouté à mon vélo, la jambe emmaillotée dans des genouillères très serrées. Je décide que Shakespeare avait raison : « La volonté sera le jardinier de mon corps. » Ma bicyclette servira de déambulateur. Méthode qui me permet, en boitant, d'enlever vers le sud 35 kilomètres par jour pendant dix jours. Puis, une fois passé les monts Kun Lun, sur la grande route qui relie Golmud à Lhassa, je remonte en selle et pédale très doucement, entravé cette fois dans ma course par le pire démon du voyageur : le vent qui souffle du sud. Je m'étonne moi-même du peu de considération que je porte à la douleur de mon genou. Mais de quoi me plaindrais-je ? C'est l'avantage quand on voyage sous l'autorité spirituelle des évadés qui n'avaient pas choisi leur sort : on sent qu'il y aurait beaucoup de mauvais goût et de mauvaise grâce à se plaindre alors que soi-même, c'est de plein gré que l'on s'est engagé sur la barque de l'aventure. Voyager sur les traces de quelqu'un impose d'avoir l'élégance de s'effacer derrière l'hommage que l'on rend. On geint moins.

Les rares récits d'évasion que l'on possède dévoilent le degré de souffrance extrême atteint par le fugitif. Une évasion ressemble à un couloir de mort qui, en définitive, mènerait à la vie. Mon voyage n'est en rien comparable à l'épopée des évadés du goulag, mais, grâce à la solitude et l'action au long cours, je me trouve en communauté spirituelle avec eux. La souffrance que provoque mon genou défaillant a le mérite de mettre à l'épreuve ma volonté. Et de m'apercevoir que mes motivations sont moins fortes que celles des évadés, lesquels n'avaient pas d'autre choix que d'aller de l'avant. Je dois donc puiser en moi des ressources profondes pour me forcer à continuer là où la douleur me commande d'arrêter. L'envie d'aller au bout de ce dont je rêve depuis des années sera finalement la plus forte, et j'y trouverai l'aiguillon nécessaire pour progresser coûte que coûte.

SUR LE TOIT DU MONDE

Quand, au début du mois d'octobre, j'aperçois la barrière des monts Kun Lun par-dessus un glacis sableux recouvert d'une steppe racornie, je pense intensément aux évadés. Qu'il devait être immense leur espoir, devant ce paysage de hauts sommets dressés jusqu'à toucher le ciel. N'était-ce pas là l'annonciation de l'Himalaya ? Le signe avant-coureur de la dernière herse ? Ne pouvaient-ils y lire la confirmation que leur cavale aurait un jour une fin ?

Je traverse la région du Qingaï, me juche sur le plateau tibétain, puis passe le col de Tangula, qui marque la frontière de la région autonome du Tibet. J'avance sur le haut plateau. Je pédale d'une seule jambe pour ménager mon genou. Des yacks roulent le long de l'horizon comme des balles de laine. Les flaques marécageuses émiettent des reflets de ciel à la surface du plateau désertique. Les *lungtas* (drapeaux à prières) pavoisent les cols comme les fanions de la victoire. Les journées défilent : je pédale le matin dans une atmosphère de glacière et lutte le reste du jour contre des vents si violents que, dans les descentes, la bicyclette que je tiens par le guidon remonte à contre-pente ! Le soir, je jette mon bivouac-étui sur le plateau ou bien trouve refuge dans une de ces maisons tibétaines carrées, surmontées de fagots de bois et haubanées de lungtas. Les murs tremblent sous les coups de boutoir des tempêtes. Montherlant connaissait-il les ouragans du Tibet quand il écrivait que « nous allions mourir et nous n'aurons pas tué le vent » ?

{Ci-dessous} Dégustation du thé au beurre de yack dans une maison traditionnelle tibétaine, après une étape à marche forcée. Environs de Damxung.

{Ci-contre} Moines du monastère de Ganden, revenant d'une cérémonie à la mémoire d'un lama défunt.

{*Ci-dessous*} Panneau de propagande, exhortant les ouvriers à bâtir le train de 1 000 kilomètres censé rallier Golmud à Lhassa à travers le plateau tibétain.

LE TRAIN DE LA HONTE

Le Tibet a fini par se soumettre. Les Chinois ont envahi le haut royaume en 1950, prétextant qu'il fallait en finir avec l'ancestrale théocratie et revendiquant une appartenance du Tibet à la Chine en raison d'accords historiques passés plusieurs siècles auparavant entre des souverains de Pékin et de Lhassa. L'Histoire est toujours bonne fille pour fournir aux « libérateurs » des raisons valables de fusiller ceux qu'ils « délivrent ».

Les routes et les pistes d'atterrissage que les Chinois ont construites depuis quelques décennies, et qui permettent d'acheminer troupes et matériels, ont déjà contribué à asseoir la domination han et à transformer la ville de Lhassa en un vulgaire cantonnement militaire. Mais le Tibet recevra l'estocade finale le jour où le train dont les autorités ont ordonné la construction en 2001 fusera à travers le plateau pour rallier Pékin à Lhassa en moins de quarante-huit heures. En longeant pendant des jours entiers le chantier gigantesque, je suis partagé entre l'admiration et l'indignation. Indignation pour cette ultime banderille plantée dans l'échine du Tibet. Admiration pour ce travail pharaonique que seule est capable de mener la Chine parmi toutes les autres nations. Ce pays est la dernière puissance susceptible de motiver son peuple au point de lui faire lever remblais, arches et tunnels à la pioche et à la pelle en haute altitude, été comme hiver. Sur le tronçon de Golmud à Lhassa, le train passera à une altitude moyenne de 4 000 mètres, forcera des cols à 5 000 mètres, porté par des rampes, s'enfoncera dans des tunnels de plusieurs kilomètres de long, franchira 500 kilomètres de pergélisol sur des ballasts spécialement conçus pour résister aux fluctuations du niveau du sol.

Les vingt-quatre mille ouvriers qui travaillent au projet dont l'accomplissement est prévu pour 2007 me font étrangement penser aux zeks de la Sibérie qui perçaient les canaux et défrichaient les taïgas pour la gloire du socialisme. Ceux-là travaillent en haute altitude, soumis aux vents violents et au risque d'œdème. Ils n'ont qu'un masque de coton sur le visage pour se protéger du vent et ne sont équipés que de ridicules gants de laine blanche. Je côtoie pendant dix jours cette armée de loqueteux dont j'apprendrai plus tard que beaucoup n'ont pas choisi leur affectation sur ce chantier mais purgent un blâme, une punition. Qu'importe le sort des croquants du haut plateau pourvu que le train passe ! C'est ce que proclament les pancartes de propagande, indifférentes au sort des antilopes, loups et yacks sauvages dont le territoire naturel est balafré désormais d'une cicatrice indélébile.

LES CLOCHARDS CÉLESTES

Je laisse mon vélo dans la ville d'Amdo et poursuis ma route à pied, jusqu'au jour où je rencontre cinq moines qui deviendront mes compagnons de marche pendant près de deux semaines. Ils ont nom Arkong, Ruiden, Mollah, Santié et Tournié. Ce sont des moines mendiants qui marchent depuis quatre mois vers Lhassa en récitant des mantras pour le salut de leur âme. Ils s'appuient à leurs bâtons sacrés au sommet desquels claquent des drapeaux consacrés. Ils bourdonnent en permanence des prières qui rythment l'avancée. Ils mendient la *tsampa*, la farine d'orge grillée. Ils font cuire l'eau sur un feu de bouse de yack, et nous partageons, deux fois par jour, de maigres et joyeux repas suffisant tout juste à donner au corps l'énergie d'accomplir 40 kilomètres. Mais quand les vivres font défaut, ils se contentent de l'eau des torrents teintée d'un peu de thé. Ils ne se déparent jamais d'une expression de félicité. Qu'il neige, qu'il vente ou que le thermomètre chute à –20 °C, ils conservent sur le visage une joie animale. Ils me font étrangement penser à des évadés. Ils se sont évadés de la pâteuse lourdeur du monde. Sous la neige, j'ai parfois des visions rawicziennes : cinq ombres en haillons, brouillées par les flocons, cinq êtres marchant à petit pas vers leur salut sans que rien d'autre n'importe que d'être en vie au moment où l'on prend conscience de l'être.

Rawicz perdra deux compagnons au Tibet et dans l'Himalaya, bien que l'hiver des hautes montagnes lui semble plus supportable que la terrible nuit de l'Arctique. Je retrouve dans les nuits que je passe sous la neige ou dans le gel, serré contre mes nouveaux compagnons, l'atmosphère des nuits glaciales dont le Polonais finit très vite par perdre le décompte. Une fois de plus, sur le plateau tibétain, l'identification à l'objet de mon voyage s'opère. Je suis parti sur les traces des évadés. Il me semble avoir rattrapé leurs fantômes.

{Ci-dessous} Quelques dizaines de mots de tibétain permettent de s'enquérir de l'essentiel : la route à suivre !

{Ci-dessous} Conversation avec le moine cellérier de la lamaserie de Nachqu.

LA FOI

Les Chinois ont déraciné les arbres, abattu les temples, assassiné les moines, dévasté les troupeaux d'ânes sauvages, mais ne sont pas venus à bout de ce qui leur est supérieur : la foi. Il n'y a pour en juger qu'à voir combien sont ferventes les cérémonies bouddhiques dans les temples qui ont été rebâtis après que Pékin en autorisa la reconstruction, au début des années 1980. En 1966, à l'heure de la révolution culturelle chinoise, les gardes rouges maoïstes se sont acharnés sur la cléricature tibétaine, considérée comme responsable de l'oppression féodale. La vie de Bouddha fut déclarée réactionnaire. Quatre-vingt-dix-huit pour cent du patrimoine monastique fut détruit – ce qui représente plus de six mille lamaseries. Le bilan humain est encore plus désastreux : un million deux cent mille Tibétains furent tués, et cent mille déportés dans les goulags chinois (qui portent le nom de *laogai*). Mais, plus tard, les Han se rendirent compte qu'il était profitable d'autoriser les Tibétains à pratiquer leur foi (en contrôlant les prélats) et de reconstituer les bâtiments détruits pour bénéficier de la manne touristique. Et c'est ainsi que la foi tibétaine a fait sa réapparition il y a une trentaine d'années, timidement d'abord, puis en offrant toutes les apparences d'une liberté de culte, alors que les rouages du clergé tibétain sont encore sévèrement contrôlés par Pékin. Ainsi, le gouvernement chinois – inquiet que le chef des Tibétains en exil exerce encore son autorité sur sa terre confisquée – a-t-il emprisonné en 1995 Gendun Choekyi Nyima, jeune garçonnet de six ans reconnu par le dalaï-lama comme onzième réincarnation du *panchen lama* (titre honorifique désignant la deuxième plus importante sommité religieuse tibétaine). Quelques mois après cette arrestation, Pékin a convoqué sous la pression quelques prélats tibétains et organisé un simulacre de cérémonie, au cours duquel le moine Gyaltsen Norbu fut désigné dixième panchen lama. Depuis, ce pantin occupe le titre usurpé pendant que, quelque part sur la terre de Chine, croupit le plus jeune prisonnier politique du monde.

{Ci-contre} Rencontre avec un pèlerin, fidèle du dalaï-lama dont il porte l'effigie autour du cou. Pour s'attirer les grâces du ciel, il se rend à Lhassa en se prosternant au sol à chaque pas.

{Ci-contre} Fin d'étape sous la neige avec les moines-mendiants rencontrés en chemin, et que j'accompagne quelques jours sur le chemin de Lhassa.

L'ÉVASION AU TIBET

On pourrait croire que, sur le plateau du Tibet, le vent de l'aventure a particulièrement soufflé. Il s'est écrit à la surface du pays un certain nombre d'épopées individuelles, de gestes collectives dignes du romanesque. Ainsi des Khampas, cavaliers de l'est du pays que la CIA aida à organiser une résistance contre l'envahisseur chinois dans les années 1950. Ainsi du dalaï-lama ou du karmapa (chef spirituel d'une école bouddhiste tibétaine) qui, en 1956 pour l'un et en 2000 pour l'autre, s'évadèrent à travers les hauts cols de l'Himalaya au nez et à la barbe des Chinois. Ainsi des centaines de Tibétains qui, femmes, hommes, enfants, tentent chaque année leur chance sur les glaciers de la chaîne pour rejoindre le Népal ou l'Inde et fuir l'occupation. Ainsi de Heinrich Harrer, évadé d'un camp de prisonnier anglais du Pakistan, qui atteignit Lhassa en 1939. Ainsi de tous ces explorateurs – Sven Hedin, Prjevalski, Bonvalot – qui tentèrent d'approcher la Sainte Capitale, usant parfois de déguisement sans jamais y arriver, mais laissant à Younghusband le déshonneur de rentrer dans Lhassa à coups de canon et à la tête du corps expéditionnaire anglais de 1904, et à Alexandra David-Néel, vingt années plus tard, le plaisir de tromper la vigilance des Tibétains et d'arriver à Lhassa grimée et *incognito*, après huit mois de marche sur les chemins du ciel.
Quelle différence y a-t-il entre les zeks du siècle rouge et les milliers de moines et citoyens, lettrés, paysans, femmes, soldats et enfants qui fuient le haut royaume à travers les cols de l'Himalaya ? Aucune ! Les uns et les autres voguent vers la même étoile : celle de la liberté à laquelle Dostoïevski savait que « certains hommes sont prêts à tout sacrifier ».

{Ci-contre} Réunion des moines du monastère de Ganden sur l'arête d'une colline où sera déposé le cadavre d'un lama, mort la veille, afin que les vautours nettoient son enveloppe corporelle et permettent à son âme de prendre son envol.

{Ci-dessous} Bivouac en compagnie de bergers après le passage du col de Khong, lui-même emprunté plus d'un demi-siècle plus tôt par Heinrich Harrer sur son parcours d'évasion.

{Ci-dessous} Cérémonie religieuse (Puja) au monastère de Rumtek, l'une des lamaseries dévastées par les gardes rouges à la Révolution culturelle (1966) et reconstruites à l'identique depuis.

LES RAMPANTS

Il est, sur le plateau tibétain, des hommes encore plus lents que les moines mendiants ou les vagabonds solitaires. Ce sont les renonçants, qui rampent sur le sol pour s'attirer les grâces du ciel et s'acheminent au long des routes, au long des pistes et même sur les sentes des hautes montagnes, en mesurant l'immensité du terrain au seul étalon de leur corps prosterné. Ces pèlerins doloristes font 8 à 9 kilomètres par jour, et un cal finit par leur pousser au front à force de toucher terre. Ce qui paraît une mortification aux yeux de celui qui les croise est, pour eux, un moyen de gagner plus vite ce qu'ils convoitent toute leur vie durant – à savoir la fin des réincarnations et l'abandon de leur enveloppe charnelle dans l'extinction de leur être.

À pied, à vélo, me faisant l'effet d'être un bolide, j'en croiserai de nombreux, de ces « rampants célestes », qui achèvent de me persuader que l'on trouve toujours plus radical, toujours plus volontaire, toujours plus méritant que soi.

{Ci-contre, en haut} Équarrissage d'un yack sur la route d'Amdo.

{Ci-contre, en bas} Les pénitents qui s'attachent à gagner Lhassa mettront plus de deux mois à atteindre la ville sainte. Certains d'entre eux vont jusqu'au mont Kailash, traînant ainsi leur souffrance à la surface du monde pendant des années.

{Ci-contre} Circumambulation de pèlerins devant le lac Namtso (4 200 mètres d'altitude). La foule tourne autour d'une falaise consacrée au karmapa, l'un des chefs spirituels du bouddhisme tibétain.

{Ci-contre, en haut} Les maisons des riches propriétaires terriens témoignent de la fertilité de la vallée de Lundzup (3 800 mètres), connue pour ses rendements agricoles.

{Ci-contre, en bas} C'est parfois avec femmes et enfants que les villageois tibétains fuient le pays à travers les passes d'altitude de l'Himalaya.

LE LAC NAMTSO

Le lac Namtso (4 700 mètres d'altitude) ressemble à l'œil d'une très vieille divinité tapie dans une dépression de terrain, ourlée des hautes crêtes de la chaîne des Tangula culminant à 7 000 mètres. La surface du lac est souvent crêtelée d'écume, à cause des vents violents qui y lèvent de la houle. À la pointe nord du lac, une péninsule rocheuse, avancée en feston sur les eaux turquoise, sert à intervalles réguliers d'objectif de pèlerinage aux fidèles du karmapa.

Quand vient le jour de la procession, des milliers de croyants, convergeant en camion, à pied ou à cheval de toutes les régions du Tibet, affluent dans la cuvette du Namtso et plantent leurs tentes sur les rives. Pendant quelques jours, ils accomplissent la circumambulation d'une falaise couverte de drapeaux à prières. C'est alors un chatoiement ininterrompu de pelisses, de fourrures et de coiffes de turquoises. Les moulins à prières tournent sans répit. Les couteaux cliquettent dans leur fourreau. La fumée des feux de bouse où chauffe le thé brouille un instant les rangs mouvants des dévots en marche. Le soleil déclinant se prend dans le drapé des surplis des pèlerins n'goloks, dans la coiffe des femmes du Ngari ou sur les nattes rouges de cavaliers khampas. Dans l'air glacial s'élève un bourdonnement : c'est le mantra *Om mani Padme Um*, marmonné comme pour exorciser la beauté violente qui règne sur cet autel dressé par la géologie pour célébrer des dieux.

On honore cette année la mémoire du jeune karmapa qui a échappé à la vigilance des Chinois et s'en est allé à Dharamsala rejoindre le dalaï-lama en l'an 2000. Couronnant la scène vivante, le col de Khong, à peine visible des bords du lac, rappelle à ceux qui aiment la liberté que Harrer et son compagnon de fuite passèrent précisément en ces parages sur leur chemin de cavale !

LE LAOGAI, GOULAG CHINOIS

Un chiffre d'abord : cinquante millions de détenus au total (soit une dizaine de millions de personnes emprisonnées simultanément jusqu'au début des libérations, dans les années 1980). C'est par ce score qui en fait le système concentrationnaire le plus peuplé de tous les temps que le laogai se distingue du goulag soviétique. Pour le reste, pas grande différence : les camps maoïstes de rééducation par le travail accueillent 80 % des politiques dans les années du grand bond en avant, lesquels prisonniers sont soumis à des séances de rééducation culturelle et des rythmes d'exploitation censés les ramener dans les chemins tracés par le Grand Timonier. Chaque État concentrationnaire a son arrière-cour géographique où il se débarrasse de ses prisonniers comme on jetait un croquant au fond d'une oubliette dans les temps féodaux. L'arrière-cour de la Russie, c'est la Sibérie ; l'arrière-cour de la Chine, ce sont le nord du Tibet, la Mandchourie, le Xinjiang et, surtout, la région du Qingaï, surnommée la « province pénitentiaire » (avec des camps réunissant jusqu'à cinquante mille déportés !).

{Ci-contre, en haut} Lecture d'*À marche forcée* dans une maison tibétaine, sous le regard de Mao entouré des quatre piliers du système matérialiste international. De gauche à droite : Engels, Marx, Lénine et Staline.

{Ci-contre, en bas} Partie de billard à 5 200 mètres d'altitude. Le billard, arrivé avec les Anglais jusqu'en Chine, a été adopté par les Tibétains, poursuivant sa conquête de terres nouvelles.

{Ci-contre} Avec des cantonnières de la vallée de Lundzup. Beaucoup de ces ouvrières attachées à la réfection des routes purgent une peine ou s'acquittent d'un blâme, méditant entre deux coups de pelle sur le danger de s'écarter de la ligne tracée par Pékin.

{Ci-contre} Montée sur les versants du monastère de Ganden. En arrière plan : la vallée de Lhassa.

CHAPITRE V

L'HIMALAYA, LE SIKKIM ET LE GANGE

{Ci-dessous} Les religieux et les fidèles ont été autorisés depuis quelques années à célébrer à nouveau leurs offices, mais le clergé tibétain officiel reste toujours soumis aux ordres des autorités de Pékin.

OROGENÈSE

Il y a cinquante millions d'années qu'a eu lieu le choc entre la plaque océanique indienne et la plaque continentale eurasienne. Collision des âges titanesques qui eut pour conséquence d'exonder l'ancien fond de la mer de Thétis et de lever, au point de contact entre les deux surfaces, la chaîne himalayenne – laquelle, d'ailleurs, continue de se soulever chaque année. Les quatorze sommets de 8 000 mètres, les quarante qui s'élèvent à plus de 7 000 mètres sont les témoins de ce télescopage fantastique. Les traces de la ligne de subduction originelle se lisent encore à la hauteur de Xigatse, dans le lit du Brahmapoutre et dans la région du Ngari tibétain. La ligne de subduction actuelle se situe dans les basses collines du Téraï népalais, là où la poussée constante provoque des séismes fréquents.

Chaque année, les masses atmosphériques de l'océan Indien se gonflent d'humidité et remontent vers le nord en traversant le subcontinent. Quand les nuées butent contre la barrière himalayenne, elles s'élèvent sur ses flancs et, par l'effet de l'altitude, s'ouvrent comme des outres déversant leurs eaux dans le fracas de la mousson. Seules quelques barbules nuageuses parviennent à franchir la crête axiale et à basculer de l'autre côté, sur le versant septentrional de la montagne – ce qui explique la sécheresse du plateau tibétain, situé en retrait de la haie himalayenne. La mousson réserve ses pluies aux versants méridionaux de la chaîne, dont la luxuriance s'oppose à l'âpreté des steppes d'altitude tibétaines.

LHASSA

Je ne m'attarde pas trop dans la ville de Lhassa qui ressemble de plus en plus à un cantonnement militaire chinois doublé d'un supermarché. Devant le Potala, les Chinois ont dégagé un parvis pour mieux faire défiler leurs forces. Mao avait certainement lu Haussmann : l'esplanade est la surface architecturale préférée des préfets de police. Je séjourne dans la Sainte Capitale le temps de visiter le Potala, ce vaisseau fantôme déserté par l'âme tibétaine. Je reste de longs moments avec les moines mendiants, fugaces compagnons d'aventures, qui prient sans interruption devant le temple du Jokang, cet épicentre géomantique des monastères du pays.

Dans la ville, je retrouve Priscilla Telmon qui arrive à pied du Vietnam et à qui j'avais lancé un rendez-vous à Lhassa six mois plus tôt. Nous décidons de franchir l'Himalaya ensemble. Nous cinglons à vélo vers le Sikkim. C'est par là que Rawicz déclare être passé, par cette vallée qui dessine un point de faiblesse dans la chaîne himalayenne. La barrière n'y est à cet endroit défendue que par un ou deux cols ne dépassant pas 5 000 mètres. Le Sikkim est une brèche dans le rempart.

{Ci-contre} Dernier ressaut avant le passage du col, à 5 400 mètres, qui surplombe la ville de Lhassa sur son flanc nord.

{Ci-dessous} Lhassa, la haute table des dieux, n'est plus que l'ombre d'elle-même depuis que les colons chinois en ont fait le centre névralgique de leur entreprise de conquête du Tibet. Autobus, supermarchés et cantonnements de soldats constituent le nouveau paysage de l'ancienne cité sacrée des dalaï-lamas.

{Ci-contre} La traversée d'un col à 5 300 mètres d'altitude, dans la chaîne des Tangula, préfigure le passage de l'Himalaya, qui s'accomplira avec des conditions de faible enneigement mais des températures très basses.

{Ci-dessous} Bivouac d'altitude dans la tente-chrysalide, lors du franchissement de la longue série de cols himalayens.

VERS LA FIN

Les pistes du Sud sont couvertes de lœss et battues par les vents. Je longe les lacs de Yamdrok, luttant contre un vent à arracher les lungtas. Les rafales contraires sont si furieuses qu'il faut trois jours pour enlever 100 kilomètres à la piste. Franchir quelques cols à 5 000 mètres est rendu ardu par l'hiver qui gagne. Au-dessus du glacier de Nojinkangtsang, une langue de glace blafarde cascade, craquelée de séracs. Gyantse apparaît au bout d'une vallée opulente.

Le froid de l'aube dépose sur l'envers de la toile de tente (une seule épaisseur, pour gagner du poids !) une pellicule de glace due à la condensation ; le moindre mouvement abat la gangue sur le sac de couchage. Une route militaire amène à la frontière sino-sikkimaise, mais il faut, par la ruse, éviter les premiers postes de contrôle qui en régulent l'accès. À quelques kilomètres de la frontière, espérant naïvement l'atteindre, conforté dans ce vœu par l'annonce confirmée que Chinois et Indiens normalisent leurs relations et travaillent officiellement à rouvrir incessamment la frontière, je suis rattrapé par la triste médiocrité des choses et empêché d'avancer plus loin. Les soldats m'intiment l'ordre de rebrousser chemin. La frontière passe sur la crête que j'aperçois derrière les képis. J'en suis quitte pour un voyage de contournement. Un octroi de plus versé au cancer administratif. Six jours menés à un train d'enfer en camion, en jeep, en bus pour franchir l'Himalaya et, par le Népal et le Bengale, revenir à revers jusqu'au nord du Sikkim, décrocher les autorisations pour gagner la zone frontalière et me jucher à 5 000 mètres sur le col frontalier sikkimo-chinois, d'où je ne suis plus qu'à quelques encablures de la frontière. Il ne reste alors qu'à tourner le regard vers le sud et à descendre pas à pas, mètre après mètre, interminablement, en suivant le réseau de torrents qui deviendront rivières, puis vallées, et qui conduisent au Gange.

LE YÉTI

Slavomir Rawicz a commis une fatale erreur en évoquant sa rencontre avec un couple de yétis dans les neiges de l'Himalaya. Personne ne peut contester qu'il en ait vu, car, tant que l'on n'est pas en mesure de prouver l'inexistence d'une chose, on ne peut se permettre de douter de son existence. Mais l'erreur du Polonais réside dans le fait que, lorsque l'on se tient en équilibre sur la corde raide de la crédibilité – ce qui est le cas de Rawicz –, on se garde bien de parler de yéti. Car en Europe de l'Ouest, c'est le plus sûr moyen d'achever de se discréditer. Rawicz a tendu les verges pour se faire battre. En évoquant l'« abominable homme des neiges », il a consommé son suicide, ouvert son procès en affabulation. Pourtant, les partisans du réalisme fantastique qui ne dénient pas à la science sa part de rêve, les poètes, les prudents, tous ceux qui se souviennent que le léopard des neiges n'a été photographié que dans les années 1950, et le cœlacanthe découvert peu après, ne rejettent pas la possibilité qu'une espèce anthropoïde ait échappé au regard scrutateur des hommes. Une seule certitude dans l'affaire du yéti : le mythe, lui, court bien l'Himalaya. D'un bout à l'autre de la chaîne ! Et même au-delà. Car, de la Birmanie au Caucase, le long de cette ceinture montagneuse qui fait un bourrelet à l'Eurasie, on ne tarit pas sur cette créature que l'on affuble d'un nom différent dans chaque vallée.
L'idée commune veut que croire au yéti soit la projection d'un fantasme : retrouver ce cousin manquant qui n'est plus tout à fait un singe mais pas encore un homme. Ceux qui n'ont rien à dire assurent aussi que l'invention du yéti est l'expression de ce besoin de merveilleux qui ne manque pas d'étreindre l'âme devant la platitude du monde (laquelle est toute relative en Himalaya). On dit encore que le yéti n'est que l'incarnation d'un mythe comme il en court tant dans les panthéons indo-bouddhistes, et qu'il faut laisser les mythes descendre sur la terre, les Bretons avoir leurs fées, les Arabes leurs *djinns* et les Tibétains leur *migöu*. On se permettra d'objecter que le propre d'un mythe est de ne pas laisser de traces… Puis on s'arrêtera là, car on ne voudrait pas qu'un lecteur malintentionné se serve de ces propos pour contester l'authenticité de mon voyage sur les traces (elles-mêmes contestées !) des évadés du goulag.
Un seul mot pour finir. Il n'est pas illogique qu'un récit d'évasion se clôture par une rencontre avec le yéti. Car personne ne contestera que le yéti, chimère ou pas, est le dernier être totalement libre de la planète, avec les gargouilles des cathédrales. Nulle part enregistré ni recensé, n'appartenant à aucun *phylum*, apatride, nomade, invisible, citoyen de la nuit des temps. Et qui n'a pas intérêt à en sortir. Car il y est mieux qu'à la vue des hommes.

ÉPOPÉES ET CONQUÊTES

L'histoire de l'exploration en Himalaya peut se résumer par l'expression « cherchez la brèche ». Il en va de l'Himalaya comme des citadelles : seul arrive au donjon celui qui a su trouver la faiblesse du rempart, la venelle cachée menant au cœur de la cité. Les Portugais, qui furent au siècle de leur gloire les plus grands explorateurs, étaient devenus maîtres dans l'art de pénétrer les *terrae incognitae*. Ils furent les premiers à entrer au Tibet dès 1624, en sandales et en priant, pour y fonder des missions jésuites. Par la suite, ce fut Lhassa qui excita les convoitises des sociétés de géographie occidentales, au point de déclencher une sorte de compétition fiévreuse chez les explorateurs de l'Europe entière. C'était à qui gagnerait le premier la Haute Capitale. Des dizaines de tentatives (souvent conduites depuis le Nord, c'est-à-dire à travers le Changtang) furent lancées en vain par Prjevalski, Hedin, Bonvalot. Les obstacles physiques dressés sur le chemin des candidats, ajoutés à la sévérité de l'administration tibétaine dont le rôle était de défendre le plateau de toute incursion du monde extérieur, expliquent les échecs. Il fallut que les Anglais s'y mettent. Ils parvinrent à Lhassa en 1904, avec deux innovations dans la manière de mener leur expédition. D'abord, ils venaient du sud par la route du Sikkim. Enfin, selon une habitude britannique éprouvée sur les terrains de toute la planète, ils s'ouvrirent la route à coups de canon, et laissèrent dans le sillage de leur corps expéditionnaire des centaines de cadavres de soldats, de moines et de civils tibétains. Mais, quand il s'agit des intérêts de la Couronne, Sa Gracieuse Majesté ne lésine pas. Or, pour les Anglais, contrôler la route des Indes à Lhassa était d'une importance extrême. Il s'agissait de contrer les appétits russes et de se ménager un débouché terrestre vers la Chine. Ce qui prouve que les vallées et les cols qui ont servi de chemins vers la liberté ont parfois aussi permis à la convoitise de se frayer passage !

{Ci-dessous} Un bâton de bois, une besace, des pensées et quelques poèmes : seul bagage indispensable au Wanderer errant dans la nature.

{Ci-dessous} L'Himalaya est passée. C'est sous l'égide du mythique Kangchenjunga, troisième plus haut sommet du monde, que s'accomplit la montée vers la station de Darjeeling à travers les plants de thé éponymes, Bengale de l'Ouest.

LE VERSANT DU SOLEIL

Le versant méridional himalayen est celui qui reçoit les eaux de la mousson – ce qui explique la santé des forêts qui y prospèrent. Jusqu'à l'altitude de 4 000 mètres, les selves d'altitude montent à l'assaut des moraines. Les étages biovégétaux s'empilent à la manière des marches d'un escalier de Titan. Aux étages les plus bas, dans les plaines et les collines subtropicales, c'est le règne des flamboyants et des rizières. Plus haut, le riz laisse place au maïs, les bouquets de bambous poussent au pied des églantiers. Lorsque apparaissent les premiers épineux, c'est que l'on a encore gagné en altitude. Cèdres et pins annoncent l'étage peuplé par les montagnards qui cultivent l'orge. Plus haut encore, jusqu'à 5 000 mètres, on ne trouve que des prairies d'altitude tondues par la dent des yacks. Ensuite, la vie végétale capitule, car il fait trop froid, et le marcheur aborde aux rivages d'un monde de roc et de glace, visité seulement par quelques oiseaux de passage, l'once furtive et les nomades suffisamment sages ou assez fous pour s'aventurer si haut. Et, par-dessus cet empilement de vie, indifférents à la course des choses, figés dans la supériorité que le temps géologique confère à tout ce qui procède du règne minéral, surnagent les vigies de l'Himalaya que sont les sommets de 8 000 mètres.

{Ci-dessous, à gauche} « Je ferai la bataille, je passerai les fleuves », Péguy. L'un des plus grands défis du voyageur au long cours est de venir à bout des gués, marécages, rivières et fleuves, ces obstacles naturels que l'hydrographie dresse sur sa route.

{Ci-dessous, à droite} Retrouvailles avec les senteurs et les couleurs subtropicales dans les sous-bois d'une jungle d'altitude, au Sikkim, après des mois passés dans l'aridité de la haute Asie.

{Ci-dessous} Pour les évadés, les brouillards éthérés du Sikkim annonçaient les retrouvailles avec l'étoile qu'ils convoitaient depuis leur départ de Sibérie : celle de la liberté !

{Ci-contre} Pêche au harpon dans le rapide d'un affluent de la rivière Rangit. Frontière Sikkim-Bengale de l'Ouest.

{Ci-dessous} Bivouac paradisiaque sur une plage de la rivière Tista, dont les eaux turquoise sont gonflées des alluvions arrachés à la montagne par les glaciers que je foulais quelques jours plus tôt en passant les derniers cols himalayens.

RENAISSANCE

Pour les évadés, le passage de l'autre côté de la chaîne himalayenne est plus que le franchissement d'une étape. C'est un passage presque rituel. Car il sonne les retrouvailles avec la vie. Après des « mois de lutte dans les déserts d'Asie », pour reprendre l'expression de Sven Hedin[13], voilà que l'errant voit apparaître en bas du col les premières forêts d'altitude de l'Himalaya méridional. Et ces houppiers, balancés dans le vent, annoncent tout à la fois la fin des épreuves, la profusion de la vie et le début d'une nouvelle existence. J'ai vent de l'histoire d'un moine bouriate, fugitif perpétuel forcé de fuir la Sibérie en 1934 et qui reconstruisit sa vie dans les steppes mongoles jusqu'à ce que la répression soviétique ne l'obligeât à refaire route vers le Tibet à travers le Gobi, jusqu'à une lamaserie où il aurait pu mener une existence paisible si les maoïstes chinois ne l'avaient contraint, en 1950, à s'échapper pour trouver refuge par-delà l'Himalaya, dans le Bengale-Occidental. Un destin en forme de lutte permanente contre les idéologies qui veulent faire le bonheur des gens malgré eux !

DE L'AUTRE CÔTÉ

Des hauts cols du Sikkim, je plonge vers le sud, suivant le cours d'un affluent torrentueux afin de gagner la rivière Tista qui, tel un axe naturel, me mène vers le grand collecteur indo-gangétique. Je retrouve avec émerveillement les odeurs, les saveurs, les couleurs et les visions des forêts dont j'avais été privé si longtemps dans la sévérité de la haute Asie. Je rencontre les habitants du petit royaume sikkimais, enclavé entre le Bhoutan et le Népal, et que les Indiens ont annexé en 1975. Les membres des peuplades rais, limbus, bhotias, népalaises, tamangs ou gurungs m'accueillent dans leurs maisons de planches construites sur des pentes raides. Parfois, je bivouaque au bord de la rivière turquoise dont l'écho assourdissant semble répercuté par les murailles végétales de la jungle. Je progresse sur des versants couverts d'une forêt épaisse trouée en de larges étendues par l'industrieuse science agricole des Himalayens : les Sikkimais sont maîtres dans l'art du jardin suspendu. Ils cultivent le riz et le maïs en terrasses, les légumes et les fruits dans des vergers gagnés sur la pente. Je perds de l'altitude à chaque étape et, bientôt, arrive en vue des dernières collines de l'Himalaya, ces bastions qui se tiennent en avant-poste devant la plaine et au sommet desquels les Anglais ont bâti leurs stations de plaisance.

Autour de Darjeeling, les collines sont recouvertes de plants de thé qui épousent le pendage très incliné, en retenant le sol de leurs racines crochues. Le pelage vert des théiers couvre les ondulations du terrain d'un caparaçon d'acier lustré. Lorsque vient la saison de la cueillette, les femmes grimpent à l'assaut des pentes, et leurs saris multicolores mouchettent la nappe de bronze des plantations. Des arbres à large table piquettent les parcelles pour protéger les plants du rayonnement solaire. Par-dessus cette géographie méticuleusement agencée par la main de l'homme (ou plus exactement de l'Anglais) surnage le Kangchenjunga, le mythique troisième sommet le plus haut du globe, dont l'œil ne peut déterminer si la crête appartient aux nuages du ciel ou au magma de la roche. Parfois, dans la forêt, son sommet de cristal apparaît à travers une trouée des frondaisons. Alors, le voyageur se rappelle que les terres himalayennes ne sont pas si éloignées, et qu'à quelques jours de marche seulement commence le Haut Royaume des neiges et de la nuit !

{Ci-contre et ci-dessous} Récolte du thé dans les plantations qui recouvrent de leur nappe vert bronze les versants de la colline de Darjeeling.

COÏNCIDENCES

Après avoir passé la rivière Rangpo, j'aborde un soir la frontière administrative entre le Sikkim et le Bengale de l'Ouest. Je tends mon passeport. C'est alors qu'un camion militaire transportant une section de la Sikkim Armed Police s'arrête à ma hauteur. Le lieutenant m'interroge. Étranges circonstances. Car c'est précisément dans ces parages, quelque part entre le Sikkim et le Bengale-Occidental, que Rawicz et les siens rencontrèrent une patrouille de l'armée britannique des Indes. Les fugitifs furent pris en charge et convoyés vers l'hôpital militaire de Calcutta. Le voyageur qui retrace l'itinéraire d'un prédécesseur doit savoir que le destin s'ingénie souvent à placer sous ses pas des rencontres troublantes, à tisser un réseau de concordances qui créent un dialogue avec le passé. Voyager sur les traces de quelqu'un, c'est devenir la navette qui remonte les fils de la haute lisse du temps.

LA PLAINE

Au-delà de Darjeeling, je poursuis ma route à travers la plaine indo-gangétique. Le socle indien vient buter contre les collines himalayennes sans qu'aucune ondulation de terrain, aucun piémont ne vienne adoucir le contact. En Himalaya, la géographie est sculptée à la gouge !

J'aurais certes pu terminer ma marche à Darjeeling. J'avais alors payé à ma soif d'action son tribut de harassement et de douleur. Pourtant je poursuis ma route jusqu'à Calcutta. Trois raisons au moins à cela. Je veux donner à cette marche une fin digne de ceux à qui elle était dédiée et désire en outre aller jusqu'au bout des terres, jusqu'au bord du golfe du Bengale. Ensuite, c'est bien à Calcutta que Rawicz et les siens, récupérés par l'armée indo-britannique en 1942, furent convoyés en camion. Je caresse donc le secret espoir de trouver quelques archives. Enfin, les vingt et un vieux-croyants que Michel Peissel évoque dans *Tiger for Breakfast*[14] et qui s'étaient échappés d'URSS à travers la haute Asie sont eux aussi arrivés au bout de leur peine à Calcutta. Ces quelques faits suffisent à m'aimanter vers le « grand mouroir » que j'aurai la joie d'atteindre quelques jours après Noël.

{Ci-dessous} Acheminement du thé vers les séchoirs par tapis roulants suspendus : système hérité de l'époque britannique.

{Ci-contre} Rencontre avec des saddhus, mendiants indiens qui sont des évadés à leur manière, échappant à la lourdeur et aux contingences du monde réel.

{Ci-dessous} Hindous au bain sur les bords d'une rivière, ville de Siliguri.

Je suis parti avec l'envie de trouver une réponse, et revenu en me disant qu'il était idiot de se poser la question. En Sibérie, je voulais savoir si Rawicz avait dit vrai ou bien s'il avait mystifié ses lecteurs. En rentrant chez moi, neuf mois après mon départ de France, riche des témoignages moissonnés au cours du voyage, je m'appuie sur cette certitude qu'avec ou sans le Polonais, des hommes ont bien foulé un jour les pistes d'Eurasie pour fuir les totalitarismes, pistes que je demande mentalement à Sartre l'ironique autorisation d'appeler les « chemins de la liberté ». L'Histoire reconnaît que des moines bouddhistes, des Bouriates, des zeks, des soldats, des vieux-croyants, des moines mongols, des Tibétains… des centaines d'hommes et de femmes ont lutté, et luttent encore à tout prix et « à marche forcée » pour recouvrer la liberté. Et c'est précisément parce qu'ils sont nombreux à s'être pressés sur les sentes et à avoir accepté d'aller au-devant du danger, à condition que la liberté soit au bout de l'épreuve, que la question de savoir si Rawicz a menti cesse d'être intéressante. Des témoignages incontestables, similaires à celui de Rawicz, rendent caduque la polémique sur l'authenticité d'*À marche forcée*. Rawicz a de nombreux compagnons d'âme, des semblables-dans-le-malheur, des homologues en souffrance, des frères d'évasion qui ont, eux aussi, voulu s'échapper des rets du XXe siècle, ce hideux « siècle des camps » qui a produit les trois plus fantastiques systèmes d'asservissement de l'histoire de l'homme (goulag soviétique, laogai chinois et camps nazis).

Qui se souvient des évadés du siècle rouge ?

{Ci-dessus} Cette photo de classe prise en 1928 au lycée Michelet montre quatre jeunes Mongols, fils de familles princières, invités à passer leur bac sur les bancs de la République. Ils rentrèrent au pays après leurs études à Paris et devinrent des sommités, chacun dans leur domaine (génétique, géologie, médecine, théâtre). Trois d'entre eux seront arrêtés par les Soviétiques à cause de leur passage à l'Ouest pendant leurs années d'étude, et l'un d'eux mourra en camp de déportation en 1941. Voilà ce qu'il en coûta de bénéficier des largesses des hussards de la République.

{Ci-dessus} La première édition du livre de Slavomir Rawicz date de 1956, quinze ans après son évasion. Le livre, *The Long Walk*, écrit en anglais avec l'aide du journaliste Donald Downing, fut publié un an après en France, avec le titre de *À marche forcée*. Il connut un immense succès de librairie et fut traduit dans des dizaines de langue, puis parut en édition de poche en 1968 (J'ai lu, « Leur aventure »). Les éditions Phébus ont publié une nouvelle édition d'*À marche forcée* en 2002, dans une nouvelle traduction d'Éric Chedaille.

{Ci-dessus} Ceci est la seule photo de Rawicz qui existe à notre connaissance. Elle ornait la quatrième de couverture de l'édition de poche. Le Polonais a fini ses jours en Angleterre, isolé et dans la solitude, et est mort en 2004, emportant le secret d'*À marche forcée* dans la tombe.

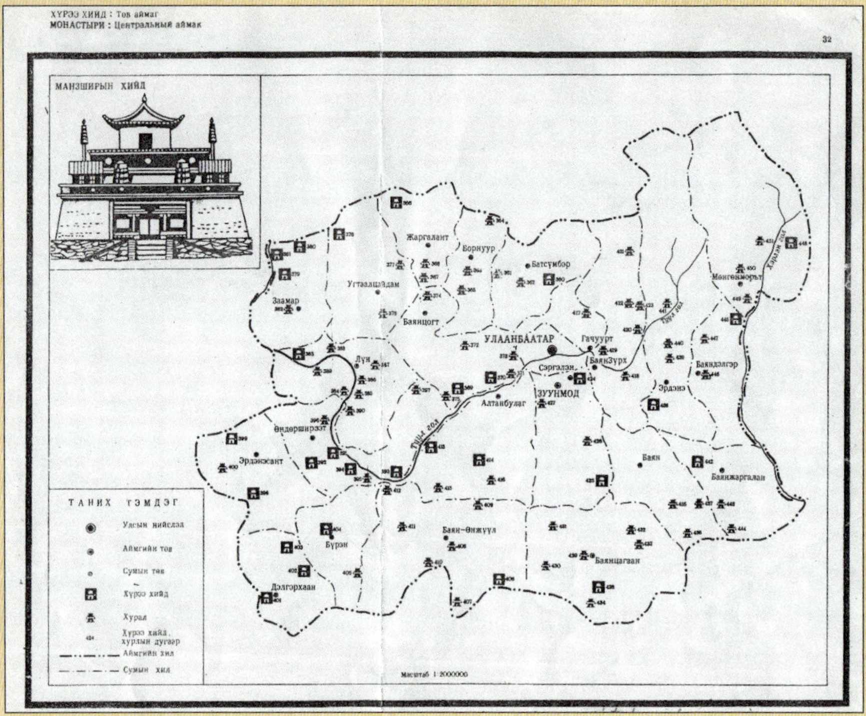

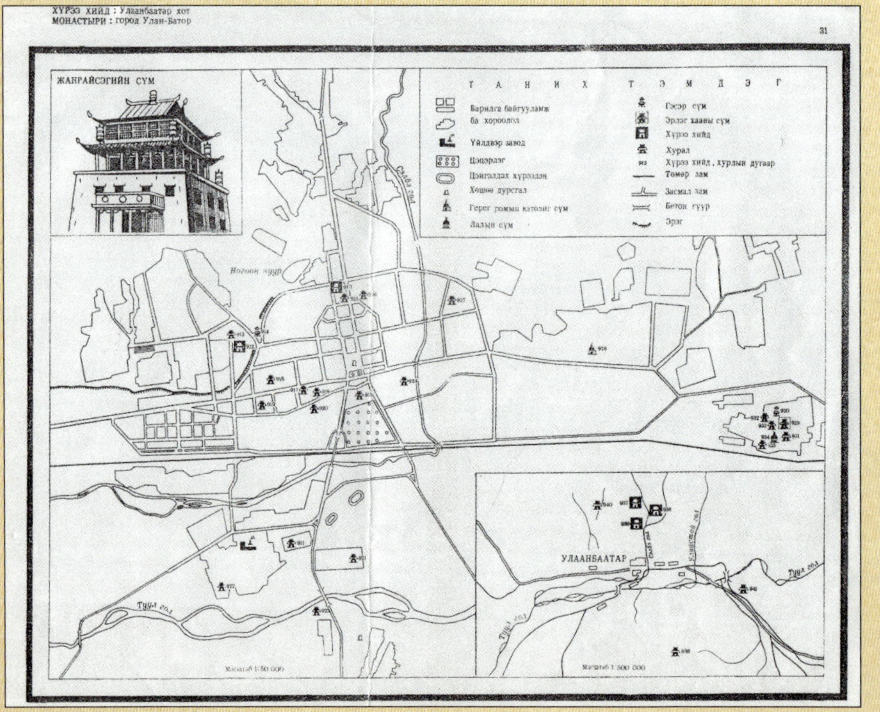

{Ci-contre, en haut} La demi-douzaine de monastères sauvés de la rage destructrice de 1937 se situe à Oulan-Bator. Les idées bouddhistes étant devenues « vecteurs du nationalisme mongol », les moines furent *de facto* déclarés « éléments douteux ».

{Ci-contre, en bas} La totalité des monastères du district administratif d'Oulan-Bator fut rayée de la carte.

{Ci-dessus} C'est sur trois cahiers en papier de riz népalais, connus pour leur légèreté et leur résistance, que j'écrivais chaque soir les impressions, les réflexions et les informations du jour. Le voyageur au long cours ne devrait jamais faire confiance à sa mémoire, mais procéder plutôt comme l'archiviste en conservant tous ses souvenirs sous forme de notes jetées quotidiennement !

NOTES

1 René Grousset, *L'Empire des steppes : Attila, Gengis-Khan, Tamerlan*, Payot, 1989.
2 René Grousset, *Bilan de l'Histoire*, Desclée de Brouwer, 1991.
3 Sylvain Tesson, *L'Axe du loup : de la Sibérie à l'Inde sur les pas des évadés du Goulag*, Robert Laffont, 2004.
4 Slavomir Rawicz, *À marche forcée : à pied, du cercle polaire jusqu'en Inde, 1941-1942*, Albin Michel, 1957 ; Phébus, 2002.
5 Fiodor Mikhaïlovitch Dostoïevski, *Souvenirs de la maison des morts*, Gallimard (Folio), 1977.
6 Ernst Jünger, *Le Traité du rebelle ou le Recours aux forêts*, Points Seuil, 1986.
7 Ernst Jünger, *Sur les falaises de marbre*, L'Imaginaire Gallimard, 1979.
8 Michel Peissel, *Tiger for Breakfast*, Dutton, 1966.
9 Stéphane Courtois, Nicolas Werth, Jean-Louis Panné, Andrzej Paczkowski, Karel Bartosek, Jean-Louis Margolin, *Le Livre noir du communisme : crimes, terreur et répression*, Robert Laffont, 1997 ; nouvelle édition dans la collection Bouquins, 2000.
10 Astolphe de Custine, *Résumé du voyage en Russie en 1839*, Allia, 1995.
11 René Grousset, *L'Empire des steppes : Attila, Gengis-Khan, Tamerlan, op. cit.*
12 Jean Demangeot, *Les Milieux naturels du globe*, Armand Colin, 2004.
13 Sven Hedin, *Trois ans de lutte dans les déserts d'Asie* (1894-1897), Pygmalion, 1991.
14 *Op. cit.*

{Page précédente} Sur les berges de la rivière Chong.

{Ci-contre} Forêts de hampes de bambous portant des drapeaux à prières bouddhistes, monastère de Réting, Sikkim.

MERCI À :

Messieurs Montali et Macé-Scaron du *Figaro Magazine*
Jean-Christophe Buisson
Isabelle Susini
Patagonia
IGN
Société des explorateurs français
Guilde européenne du raid
Jane Sctrick et Jean-Pierre Sicre
Nicolas Millet
Priscilla Telmon

Les photographies de cet album ont été réalisées dans le cadre de reportages pour le *Figaro Magazine*.
Les auteurs tiennent à remercier la rédaction, et plus particulièrement Joseph Macé-Scaron, Jean-Marie Montali, Pascal Bessaoud pour leur confiance et leur soutien, ainsi que Jean-Christophe Buisson pour son amicale bienveillance.

Crédit iconographique :
Toutes les photographies de cet ouvrage sont de Thomas Goisque,
à l'exception des pages 30, 32 (à droite), 94, 98, 110, 115, 116, 128 (en bas) :
© Sylvain Tesson
Carte : Bertrand de Miollis

Conception et réalisation graphique :
Delphine Delastre / studio de création Flammarion
Photogravure : Penez (Lille)

Achevé d'imprimer en septembre 2005
par Canale (Italie)
N° d'éditeur : FZ0192
Dépôt légal : septembre 2005